Curso MADtest

La diferencia entre aprobar y sacar plaza

Parte Común

SERVICIO ANDALUZ DE SALUD

Si aún no dispones de tu **Curso MADTEST**, te ofrecemos un acceso GRATIS de 30 días para que disfrutes de los siguientes recursos:

- MADTEST: personaliza tus test.
- Más de 2.700 preguntas de test *online*.
- Comprueba tu progreso.
- Test organizados por temas.
- Panel de control: preguntas falladas, no contestadas y anotaciones.

Para acceder a esta prueba del Curso MADTEST* será necesaria de este libro para esta especialidad de la edición 2026.

Regístrate en **mad.es/iniciar-sesion** y, en la pestaña **MIS CURSOS**, valida los códigos que encontrarás en la última página de tus libros. Recuerda que dispones de un plazo de **45 días desde la fecha de compra** para realizar la validación. Si no verificas tu matrícula, el periodo de uso del curso comenzará a contar aunque no hayas accedido.

NOTA IMPORTANTE:

* El acceso al CURSO MADTEST estará disponible desde febrero de 2026 (algunos recursos podrían estar disponibles en fecha posterior). Tendrá una duración de 30 días RENOVABLES mediante pago, desde la validación de códigos, o hasta el 28 de febrero de 2027, lo que se cumpla antes. MAD se reserva el derecho a ampliar dichas fechas.

MAD se reserva el derecho a ampliar dichas fechas.

Test parte común del Servicio Andaluz de Salud

Enero 2026

Test parte común del Servicio Andaluz de Salud

Autores

DOMINGO GÓMEZ MARTÍNEZ
Licenciado en Derecho
Técnico de Función Administrativa del SAS

JUAN CARLOS RUBIO PINEDA
Ingeniero Superior en Informática

JOSÉ LUIS GARRIDO VELA
Licenciado en Derecho

ELENA GARCÍA FERNÁNDEZ
Licenciada en Derecho

LIDIA PONCE MARTÍNEZ
Licenciada en Psicología

© 7 Editores Recursos para la Cualificación Profesional y el Empleo, S.L. (7 Editores)
© Los autores
Primera edición, enero 2026 (150 páginas)
Derechos de edición reservados a favor de 7 Editores
IMPRESO EN ESPAÑA
Diseño Portada: 7 Editores
Edita: 7 Editores
Avda. San Francisco Javier, 9 · Edificio Sevilla 2 · Planta 11 · Módulos 25-27 · 41018 Sevilla
Teléfono: 954 784 411 · WEB: www.mad.es · e-mail: administracion@7editores.com
ISBN: 979-13-702-8411-4
© "Editorial Mad" y "Eduforma" son nombres comerciales registrados de
7 Editores Recursos para la Cualificación Profesional y el Empleo, S.L.

Índice

TEST N.º 1

La Constitución Española de 1978. Valores superiores y principios inspiradores. Estudio particular de los derechos y deberes fundamentales, y de la regulación constitucional de la Jefatura del Estado y de los Poderes Públicos. Estudio particular del derecho a la protección de la salud

1. Según el artículo 1 de la Constitución española, la forma política del Estado español es:

a) La Monarquía hereditaria.
b) La Monarquía Constitucional.
c) La Monarquía Parlamentaria.
d) La Monarquía limitada.

2. La Constitución española de 1978 tiene las siguientes disposiciones:

a) Nueve Disposiciones Adicionales, cuatro Disposiciones Transitorias, una Disposición Derogatoria y una Disposición Final.
b) Cuatro Disposiciones Adicionales, nueve Disposiciones Transitorias, una Disposición Derogatoria y una Disposición Final.
c) Tres Disposiciones Adicionales, ocho Disposiciones Transitorias, una Disposición Derogatoria y una Disposición Final.
d) Cuatro Disposiciones Adicionales, nueve Disposiciones Transitorias, dos Disposiciones Derogatorias y una Disposición Final.

3. ¿En qué fecha se aprobó la Constitución en referéndum?

a) 27 de diciembre de 1978.
b) 31 de octubre de 1978.
c) 6 de diciembre de 1978.
d) No se aprobó por referéndum.

4. El principio de legalidad recogido constitucionalmente se refiere:

a) A la división de poderes.
b) Al reconocimiento formal de los derechos y libertades.
c) Al sometimiento de los poderes públicos a la Ley y al derecho.
d) A la jerarquía normativa.

5. ¿Cuáles son los valores superiores del ordenamiento jurídico?

a) Seguridad, legalidad, jerarquía normativa y pluralismo político.
b) Libertad, justicia, igualdad y pluralismo político.
c) Libertad, justicia, responsabilidad y legalidad.
d) Libertad, justicia, igualdad y legalidad.

6. El principio de igualdad, el reconocimiento de los llamados derechos económicos y sociales y la denominada Constitución económica son manifestaciones:

a) Del Estado democrático de derecho.
b) Del ejercicio social del derecho.
c) De los valores superiores del ordenamiento jurídico.
d) De la Soberanía nacional.

7. Según la Constitución española, la nación española se encuentra integrada por:

a) Autonomías.
b) Confederaciones,
c) Estados.
d) Nacionalidades y regiones.

8. ¿A qué entidades se refiere la Constitución como instrumento fundamental para la participación política?

a) Sindicatos de trabajadores.
b) Partidos políticos.
c) Asociaciones de vecinos,
d) Organizaciones empresariales.

9. Según la Constitución, la dignidad de la persona, el respeto a la Ley y a los derechos de los demás son el fundamento:

a) Del orden social y la inviolabilidad de los derechos.
b) De la paz y la convivencia.
c) Del orden político y la paz social,
d) De la paz social y los derechos humanos.

10. ¿Quiénes no pueden ser privados de la nacionalidad española?

a) Los que sean miembros de la Familia Real.
b) Los nacidos en España.
c) Ningún español,
d) Cualquier puede serlo.

11. La regulación de la eutanasia en España resulta conflictiva con el reconocimiento constitucional del derecho a la vida:

a) Si, por eso no es legal.
b) Si, pero también cohonesta con otros también protegidos constitucionalmente.
c) No, pero al estar prohibida da igual.
d) En ningún caso, no tiene nada que ver.

12. El plazo máximo de detención previsto constitucionalmente es de:

a) Veinticuatro horas.
b) Setenta y dos horas en todo caso.
c) Setenta y dos horas, ampliable en supuestos excepcionales.
d) Setenta y dos horas, ampliable otras veinticuatro.

13. ¿Qué limitaciones contempla la Constitución española a la libertad ideológica, religiosa y de culto en sus manifestaciones?

a) El mantenimiento del orden público.
b) No tiene limitación alguna al ser un derecho fundamental.
c) La ostentación pública de creencias contrarias a las demás confesiones.
d) Ninguna es correcta.

14. Según la constitución española, el domicilio es:

a) Secreto.
b) Un derecho.
c) Intransferible.
d) Inviolable.

15. La inmediata puesta a disposición judicial de toda persona detenida se articula constitucionalmente a través del procedimiento de:

a) Asistencia letrada.
b) Diligencia policial.
c) Habeas Corpus.
d) Exequatur.

16. La Constitución sólo permite el secuestro de publicaciones, grabaciones y otros medios de información en virtud de:

a) Orden judicial.
b) Norma reglamentaria.
c) Ley orgánica.
d) Procedimiento administrativo previo.

17. Según el artículo 21 de la Constitución española los derechos de reunión y manifestación:

a) Precisan autorización previa cuando se lleven a cabo en lugares públicos.
b) No necesitan autorización previa.
c) Pueden ejercerse siempre y en cualquier lugar.
d) Están siempre sujetos a grandes limitaciones.

18. ¿Qué artículo de la Constitución española garantiza, en primer lugar, el derecho al honor, en segundo lugar, el derecho a la intimidad, tanto personal como familiar, y en tercer lugar, el derecho a la propia imagen?

a) El artículo 18.1.
b) El artículo 18.3.
c) El artículo 19.
d) El artículo 21.1.

19. La libertad de cátedra supone:

a) El derecho a expresarse libremente en el ejercicio de la función educativa.
b) El derecho a elegir el centro de educación en el que se quiere estudiar.
c) El derecho a elegir el profesor que imparta la asignatura de entre las opciones educacionales ofrecidas por el centro.
d) La obligación del profesorado a respetar la opinión de su alumnado.

20. Conforme al derecho constitucional de asociación, cualquier ente asociativo debe ser inscrito en el registro público que corresponde para su:

a) Validez.
b) Eficacia.
c) Publicidad.
d) Válida constitución

21. El art. 36 de la Constitución española señala que la ley regulará las peculiaridades propias del régimen jurídico de los Colegios Profesionales y el ejercicio de las profesiones tituladas, debiendo, su estructura interna y el funcionamiento de los Colegios, ser:

a) Paritarios.
b) Democráticos.

c) Homogéneos.
d) Proporcionales.

22. ¿Quién es el Alto Comisionado de las Cortes Generales, designado por estas para supervisar la actividad de la Administración?

a) El Rey.
b) El Presidente del Gobierno.
c) El Defensor del Pueblo.
d) El Tribunal Constitucional.

23. La soberanía nacional reside en:

a) Las Cortes Generales.
b) El Gobierno de la Nación.
c) Los Tribunales de Justicia.
d) El pueblo español.

24. Según la Constitución, las asociaciones solo podrán ser disueltas o suspendidas:

a) En virtud de resolución judicial no motivada.
b) En virtud de resolución judicial motivada.
c) Por decisión del Tribunal Constitucional.
d) Por decisión del Ministerio de Justicia.

25. Tendrán el derecho de petición colectiva por escrito:

a) Únicamente los sindicatos.
b) Únicamente los partidos políticos.
c) Todos los ciudadanos excepto los miembros de los Institutos y Fuerzas Armadas.
d) Todos los ciudadanos incluidos los Institutos de Fuerzas Armadas.

26. El secuestro de publicaciones podrá efectuarse:

a) Solamente en virtud de resolución judicial.
b) Por orden del Gobernador Civil.
c) Por orden del Ministro de Interior o de Justicia.
d) Por resolución del Consejo General del Poder Judicial.

27. Los Tribunales de Honor están prohibidos respecto de los/la/las:

a) Sindicatos y Organizaciones Profesionales.
b) Administración Civil y Militar.
c) Organizaciones Profesionales y la Administración Civil.
d) Anteriores.

28. La inmediata puesta a disposición judicial derivada del habeas corpus, se produce por:

a) Detención ilegal.
b) Prisión ilegal.
c) Prisión preventiva.
d) Detención preventiva.

29. La necesidad de que un hecho aparezca legalmente tipificado como delito para que alguien pueda ser condenado por ello es una manifestación del principio de:

a) Tutela judicial efectiva.
b) Igualdad.
c) Penalidad.
d) Legalidad.

30. El artículo 117 de la Constitución no incluye como característica de los Jueces y Magistrados la:

a) Independencia.
b) Responsabilidad.
c) Inamovilidad.
d) Incluye a todas ellas.

31. La Constitución española reconoce y garantiza el derecho a la autonomía:

a) De las nacionalidades que la integran.
b) De las regiones que la integran.
c) De las Comunidades Autónomas que la integran.
d) De las nacionalidades y regiones que la integran.

32. La Constitución española fue sancionada por:

a) El Rey.
b) El Presidente del Congreso.
c) Las Cortes Generales.
d) El Presidente del Gobierno.

33. Según la CE son fundamentos del orden político y la paz social:

a) La dignidad de la persona, los derechos violables que les son inherentes y el respeto a la ley.
b) La dignidad de la persona, el desarrollo limitado de la personalidad y el respeto a la ley.
c) El respeto a la ley, a los reglamentos administrativos y demás disposiciones legales.
d) La dignidad de la persona, los derechos inviolables que le son inherentes, el libre desarrollo de su personalidad, el respeto a la ley y a los derechos de los demás.

34. En cuanto a la defensa de España, la Constitución la reconoce como:

a) Un principio general del derecho.
b) Una obligación.
c) Un derecho-deber.
d) No lo reconoce.

35. El referéndum en el que se aprobó popularmente la Constitución se llevó a efecto el:

a) 27 de diciembre de 1978.
b) 6 de diciembre de 1978.
c) 31 de octubre de 1978.
d) 29 de diciembre de 1979.

36. El contenido de los derechos a la propiedad privada y a la herencia son delimitados constitucionalmente por el cumplimiento de:

a) Las leyes.
b) Su función social.
c) El interés general.
d) La expropiación.

37. Las Fundaciones son:

a) Entidades constituidas para fines de interés general.
b) Administración Corporativa.
c) Entidades privadas con fines de carácter también privado.
d) Asociaciones de personas para conseguir fines de interés general.

38. El pluralismo político, para nuestra Constitución, es un/una:

a) Principio general del ordenamiento político.
b) Valor superior del ordenamiento jurídico.
c) Principio rector de la política social y económica.
d) Derecho fundamental.

39. La pena de muerte en España:

a) Ha quedado abolida.
b) Puede aplicarse en cualquier momento.
c) Solo se aplicará, en tiempo de guerra, a los militares.
d) Rige solo en el ámbito civil.

40. La circunscripción electoral en España la constituye:

a) El municipio.
b) La comunidad autónoma, además de las dos ciudades autónomas.
c) La provincia.
d) Los distritos.

41. ¿Cuántos senadores son elegidos por cada provincia (a excepción de las insulares)?

a) Tres.
b) Cuatro.
c) Cinco.
d) Dos.

42. ¿Cuántos son los períodos de sesiones anuales en los que se reúnen las Cortes Generales?

a) Dos.
b) Cuatro.
c) Seis.
d) Las que dispongan los reglamentos respectivos.

43. Los órganos, compuestos de 21 miembros de cada Cámara, que asumen determinadas funciones de las mismas en el caso de que hubiesen sido disueltas o hubiere expirado su mandato se denomina:

a) Comisión parlamentaria.
b) Gobierno en funciones.
c) Sesión constitutiva.
d) Diputación permanente.

44. La proposición al Rey de la disolución de las Cortes Generales es competencia del:

a) Presidente del Gobierno.
b) Presidente del Senado.
c) Presidente del Congreso.
d) Presidente de las Cortes Generales.

45. ¿Qué plazo debe transcurrir a partir de la primera votación de investidura para que, no habiendo obtenido ningún candidato la confianza del Congreso, el Rey disuelva ambas Cámaras y convoque nuevas elecciones?

a) Tres meses.
b) 15 días.
c) Dos meses.
d) Cuatro meses.

46. Los órganos superiores de la Administración General del Estado, directamente responsables de la ejecución de la acción del Gobierno en un sector de actividad específica de un Departamento o de la Presidencia del Gobierno son:

a) Los Secretarios de Estado.
b) Los Ministros sin cartera.
c) Las unidades administrativas de la Portavocía del Gobierno.
d) Las Comisiones Delegadas del Gobierno.

47. Los órganos de apoyo político y técnico del Gobierno, realizando tareas de confianza y asesoramiento especial se denominan:

a) Subsecretarios.
b) Gabinetes.
c) Consejeros.
d) Secretaría Técnica.

48. ¿Cómo se denomina el supremo órgano consultivo del Gobierno?

a) Comisión Consultiva.
b) Consejo Consultivo.
c) Consejo de Estado.
d) Defensor del Pueblo.

49. ¿Qué Tribunal conoce de la responsabilidad criminal del Presidente y los demás miembros del Gobierno?

a) La Audiencia Nacional.
b) El Tribunal Superior de Justicia.
c) El Tribunal Supremo.
d) El Tribunal Central de Instrucción.

50. ¿En cuál de los siguientes instrumentos se debe proponer un candidato alternativo a Presidente del Gobierno?

a) En la moción de censura.
b) En la cuestión de confianza.
c) En ambas.
d) En ninguna.

En MADTEST tienes **más preguntas de este tema**, y todos tus avances quedan registrados y se reflejan en el ranking.

¡Supera tus límites con MADTEST!

Solución al test n.º 1

1. c) La Monarquía Parlamentaria.

2. b) Cuatro Disposiciones Adicionales, nueve Disposiciones Transitorias, una Disposición Derogatoria y una Disposición Final.

3. c) 6 de diciembre de 1978.

4. c) Al sometimiento de los poderes públicos a la Ley y al derecho.

5. b) Libertad, justicia, igualdad y pluralismo político.

6. a) Del Estado democrático de derecho.

7. d) Nacionalidades y regiones.

8. b) Partidos políticos.

9. c) Del orden político y la paz social,

10. b) Los nacidos en España.

11. b) Si, pero también cohonesta con otros también protegidos constitucionalmente.

12. c) Setenta y dos horas, ampliable en supuestos excepcionales.

13. a) El mantenimiento del orden público.

14. d) Inviolable.

15. c) habeas Corpus.

16. a) Orden judicial.

17. b) No necesitan autorización previa.

18. a) El artículo 18.1.

19. a) El derecho a expresarse libremente en el ejercicio de la función educativa.

20. c) Publicidad.

21. b) Democráticos.

22. c) El Defensor del Pueblo.

23. d) El pueblo español.

24. b) En virtud de resolución judicial motivada.

25. c) Todos los ciudadanos excepto los miembros de los Institutos y Fuerzas Armadas.

26. a) Solamente en virtud de resolución judicial.

27. c) Organizaciones Profesionales y la Administración Civil.

28. a) Detención ilegal.

29. d) Legalidad.

30. d) Incluye a todas ellas.

31. d) De las nacionalidades y regiones que la integran.

32. a) El Rey.

33. d) La dignidad de la persona, los derechos inviolables que le son inherentes, el libre desarrollo de su personalidad, el respeto a la ley y a los derechos de los demás.

34. c) Un derecho-deber.

35. b) 6 de diciembre de 1978.

36. b) Su función social.

37. a) Entidades constituidas para fines de interés general.

38. b) Valor superior del ordenamiento jurídico.

39. a) Ha quedado abolida.

40. c) La provincia.

41. b) Cuatro.

42. a) Dos.

43. d) Diputación permanente.

44. a) Presidente del Gobierno.

45. c) Dos meses.

46. a) Los Secretarios de Estado.

47. b) Gabinetes.

48. c) Consejo de Estado.

49. c) El Tribunal Supremo.

50. a) En la moción de censura.

TEST N.º 2

Ley Orgánica 2/2007, de 19 de marzo, de reforma del Estatuto de Autonomía para Andalucía: Título Preliminar; Título I (derechos sociales, deberes y políticas públicas); Título II (competencias de la Comunidad Autónoma en materia de salud, sanidad y farmacia); y Título IV (organización institucional de la Comunidad Autónoma)

1. Señala la opción correcta respecto a los objetivos básicos de la Comunidad Autónoma:

a) La Comunidad Autónoma propiciará la efectiva igualdad del hombre y de la mujer andaluces, promoviendo la democracia equilibrada y la plena incorporación de aquella en la vida social, superando la brecha de género.

b) La Comunidad Autónoma de Andalucía promoverá las condiciones para que la libertad y la igualdad del individuo y de los grupos en que se integra sean reales y efectivas.

c) Removerá los obstáculos que impidan o dificulten su transversalidad.

d) Fomentará la calidad de la democracia facilitando la participación de todos los españoles en la vida política, económica, cultural y social. A tales efectos, adoptará todas las medidas de acción positiva que resulten necesarias.

2. Los poderes públicos de Andalucía promoverán el desarrollo de una conciencia ciudadana y democrática plena, fundamentada en:

a) La Declaración Universal de los Derechos Humanos.

b) Los Tratados y acuerdos internacionales ratificados por España.

c) Los valores constitucionales y en los principios y objetivos establecidos en este Estatuto como señas de identidad propias de la Comunidad Autónoma.

d) La adopción de las medidas precisas para la enseñanza y el conocimiento de todo nuestro ordenamiento jurídico.

3. El Estatuto de Autonomía para Andalucía consta de:

a) 250 artículos divididos en once Títulos.
b) 247 artículos divididos en once Títulos.
c) 243 artículos divididos en doce Títulos.
d) 239 artículos divididos en doce Títulos.

4. Andalucía se define en el Estatuto como:

a) Región autónoma.
b) Nación española.
c) Nacionalidad histórica.
d) Territorio autónomo.

5. Señala cuál de los siguientes no es uno de los valores superiores propugnados por el Estatuto de Autonomía para Andalucía:

a) Solidaridad.
b) Libertad.
c) Igualdad.
d) Justicia.

6. La aprobación del modelo actual de la bandera de Andalucía sucedió en:

a) Congreso de Antequera de 1883.
b) La Asamblea de Ronda de 1918.
c) Asamblea de Córdoba de 1933.
d) Estatuto de Carmona de 1981.

7. ¿Qué leyenda figura en el escudo de Andalucía?

a) *Andalucía por sí, para España y el Mundo.*
b) *Andalucía por sí, para España y Europa.*
c) *Andalucía por sí, para España y la Humanidad.*
d) *Andalucía por sí, para España y el Universo.*

8. Sin perjuicio de que algunas Salas puedan ubicarse en otras ciudades de la Comunidad Autónoma, la sede del Tribunal Superior de Justicia radica en:

a) Sevilla.
b) Málaga.
c) Granada.
d) Antequera (Málaga).

9. ¿Qué Título del Estatuto de Autonomía para Andalucía regula la reforma del mismo?

a) El Título VI.
b) El Título VII.

c) El Título X.
d) El Título XI.

10. Señala cuál de los siguientes no es uno de los Títulos del Estatuto de Autonomía para Andalucía:

a) Economía, Empleo y Desarrollo.
b) El Poder Judicial en Andalucía.
c) Medio Ambiente.
d) Medios de Comunicación Social.

11. Gozan de la condición política de andaluces o andaluzas:

a) Los nacidos en el territorio de la comunidad.
b) Los españoles con vecindad administrativa en algún municipio andaluz.
c) Los ciudadanos españoles nacidos en Andalucía.
d) Los ciudadanos de la Unión europea con residencia en alguno de los municipios de Andalucía.

12. Para reconocer los derechos políticos definidos en el estatuto de Andalucía a los ciudadanos españoles residentes en el extranjero, además de haber tenido la última vecindad administrativa en la comunidad deberán acreditar:

a) Su arraigo en Andalucía.
b) Esta condición en el correspondiente consulado de España.
c) Haber nacido en el territorio de la comunidad.
d) Su condición de refugiado.

13. Sin perjuicio de que pueda celebrar sesiones en otros lugares de Andalucía de acuerdo con lo que establezcan, respectivamente, el Reglamento del Parlamento y la ley, la sede del Consejo de Gobierno de Andalucía se encuentra en:

a) Málaga.
b) Granada.
c) Sevilla.
d) Antequera.

14. ¿Cuál de los siguientes no es un objetivo básico que persiga la comunidad andaluza según su estatuto?

a) La consecución del pleno empleo estable y de calidad.
b) La integración social de los inmigrantes mediante políticas transversales dirigidas a todos los ciudadanos y ciudadanas andaluces y andaluzas.

c) El diálogo y la concertación social.

d) La defensa, promoción, estudio y prestigio de la modalidad lingüística andaluza en todas sus variedades.

15. Se consideran titulares de los derechos y deberes contenidos en el Título I del Estatuto de Autonomía para Andalucía a:

a) Los nacidos en Andalucía.

b) Todos los españoles.

c) Quienes residan o hayan resididos en Andalucía.

d) Todas las personas con vecindad administrativa en Andalucía.

16. ¿Se reconoce estatutariamente el derecho a recibir un adecuado tratamiento del dolor y cuidados paliativos integrales?

a) No.

b) Si, en el derecho a la protección de las personas mayores.

c) Si, En el derecho a la protección de la salud.

d) Si, en el derecho a la dignidad de las personas ante el proceso de muerte.

17. Señala la respuesta incorrecta:

a) El art. 35 señala que toda persona tiene derecho a que se respete su orientación sexual y su identidad de género.

b) En el ámbito de competencias de la Comunidad Autónoma, las parejas no casadas inscritas en el registro gozarán de los mismos derechos que las parejas casadas.

c) Todas las parejas no casadas tienen la obligación de inscribir en un registro público sus opciones de convivencia.

d) El art. 17 del Estatuto de Autonomía para Andalucía garantiza la protección social, jurídica y económica de la familia.

18. ¿Garantiza el Estatuto la gratuidad de la enseñanza en los niveles obligatorios y en la educación infantil?

a) Si, sin condicionantes.

b) No, salvo en la educación infantil.

c) No, excepto en primaria.

d) Si, salvo en la educación infantil que se estará a lo que establezca la ley,

19. ¿Cuál de las siguientes no se trata de una garantía estatutaria del ejercicio del derecho constitucional al trabajo?

a) El derecho a una remuneración justa en el trabajo e igualitaria entre mujeres y hombres.

b) El acceso gratuito a los servicios públicos de empleo.

c) El derecho al descanso y al ocio.

d) El acceso a la formación profesional.

20. ¿Qué artículo del Estatuto de Autonomía para Andalucía trata de la Salud, prescribiendo que se garantiza el derecho constitucional previsto en el artículo 43 de la Constitución Española a la protección de la salud mediante un sistema sanitario público de carácter universal?

a) El artículo 22.
b) El artículo 23.
c) El artículo 26.
d) El artículo 27.

21. Según dispone el Estatuto de Autonomía para Andalucía las personas con enfermedad mental, las que padezcan enfermedades crónicas e invalidantes y las que pertenezcan a grupos específicos reconocidos sanitariamente como de riesgo, tendrán derecho a actuaciones y programas sanitarios:

a) Públicos y gratuitos.
b) Especiales y preferentes.
c) Preferentes e individualizados.
d) Individualizados y gratuitos.

22. Indica cuál de los siguientes es un principio rector de las políticas públicas andaluzas:

a) La plena equiparación laboral entre hombres y mujeres y así como la conciliación de la vida laboral y familiar.
b) Cuidar y proteger el patrimonio público, especialmente el de carácter histórico artístico y natural.
c) Contribuir a la educación de los hijos, especialmente en la enseñanza obligatoria.
d) Conservar el medio ambiente.

23. En el ámbito de sus competencias, sin perjuicio de los deberes constitucionalmente establecidos, el Estatuto establece y la ley desarrollará la obligación de todas las personas de:

a) Conservar el medio ambiente.
b) Cuidar y proteger el patrimonio público, especialmente el de carácter histórico-artístico y natural.
c) Colaborar en las situaciones de emergencia.
d) Todas las respuestas son correctas.

24. El órgano designado estatutariamente para velar por el cumplimiento de los derechos reconocidos en el Título I del mismo es:

a) El Tribunal Superior de Justicia.
b) La Administración autonómica.

c) El Defensor o Defensora del Pueblo Andaluz.
d) El Parlamento.

25. Las competencias de la comunidad autónoma de Andalucía en el estable-cimiento de los planes de estudio es:

a) Del estado en exclusiva sin atribución competencial a la comunidad.
b) Exclusiva.
c) Meramente ejecutiva.
d) Compartida.

26. En materia de salud, corresponde a la comunidad autónoma andaluza en exclusiva:

a) La organización, funcionamiento interno, evaluación, inspección y control de centros, servicios y establecimientos sanitarios.
b) La determinación de las prestaciones sanitarias.
c) Productos farmacéuticos.
d) Sanidad animal con efecto sobre la salud humana.

27. El urbanismo es competencia de la comunidad autónoma de Andalucía:

a) Compartida.
b) Exclusiva.
c) Ejecutiva.
d) Ninguna es correcta.

28. Las ferias y mercados interiores son competencia:

a) Exclusiva del estado.
b) Compartidas.
c) Exclusiva de la comunidad.
d) Ejecutiva de la comunidad.

29. La creación, supresión y alteración de los términos de los entes locales ubicados en el territorio de la comunidad es competencia:

a) Exclusiva de la comunidad.
b) Estatal.
c) Compartida.
d) Estatal, excepto en lo que a la alteración se refiere.

30. El pago de las prestaciones por desempleo corresponden:

a) Al Estado y la comunidad de forma compartida.
b) Al Estado.

c) En exclusiva a la comunidad.

d) Al Estado excepto la ejecución del pago que corresponde a la comunidad.

31. ¿Qué competencia exclusiva tiene la Comunidad Autónoma en materia de servicios sociales según el Estatuto de Autonomía?

a) La regulación del régimen civil y penal.

b) La regulación, ordenación y gestión de los servicios sociales.

c) La aprobación de leyes estatales sobre protección social.

d) La gestión de la Seguridad Social en todo el territorio nacional.

32. ¿Qué incluye, en todo caso, la competencia sobre protección de menores en Andalucía?

a) La creación de leyes penales específicas para menores.

b) La gestión de centros educativos privados.

c) La regulación del régimen de protección y de las instituciones públicas de tutela de menores desamparados.

d) La autorización de adopciones internacionales.

33. ¿Qué competencia ejecutiva tiene la Junta de Andalucía en materia de inmigración?

a) La regulación de la entrada y residencia de extranjeros.

b) La autorización de trabajo para extranjeros cuya relación laboral se desarrolle en Andalucía.

c) La concesión de nacionalidad española.

d) La gestión de visados de residencia permanente.

34. ¿Qué competencia exclusiva tiene la Comunidad Autónoma en materia de transportes?

a) La gestión directa de puertos de interés general del Estado.

b) La red viaria de Andalucía, integrada por ferrocarriles, carreteras y caminos cuyo itinerario se desarrolle íntegramente en territorio andaluz.

c) La planificación de infraestructuras ferroviarias internacionales.

d) La regulación del transporte aéreo entre comunidades autónomas.

35. ¿Qué órgano coordina las políticas de seguridad entre la Junta de Andalucía y el Estado?

a) El Consejo de Gobierno.

b) La Junta de Seguridad.

c) El Parlamento de Andalucía.

d) El Tribunal Superior de Justicia de Andalucía.

36. ¿Qué competencia exclusiva tiene la Comunidad Autónoma en materia de protección civil?

a) La regulación de la seguridad nuclear.
b) La planificación y ejecución de medidas relativas a emergencias y seguridad civil.
c) La gestión de las Fuerzas y Cuerpos de Seguridad del Estado.
d) La organización de la Guardia Civil.

37. ¿Qué incluye la competencia exclusiva en materia de cultura según el Estatuto de Autonomía?

a) La regulación de la política exterior cultural.
b) El fomento y difusión del flamenco como patrimonio cultural andaluz.
c) La gestión de museos estatales en todo el país.
d) La aprobación de leyes sobre propiedad intelectual.

38. ¿Qué competencia tiene la Junta de Andalucía sobre medios de comunicación social?

a) La regulación de la publicidad estatal.
b) La organización del servicio público de comunicación audiovisual de la Junta de Andalucía.
c) La concesión de licencias nacionales de radio y televisión.
d) La supervisión de plataformas internacionales de streaming.

39. El Parlamento estará compuesto por un mínimo de:

a) 103 Diputados y Diputadas.
b) 105 Diputados y Diputadas.
c) 109 Diputados y Diputadas.
d) 113 Diputados y Diputadas.

40. Por cuántos años es elegido el Parlamento de Andalucía:

a) Por seis años.
b) Por cinco años.
c) Por cuatro años.
d) Por dos años.

41. Durante el mandato de los Diputados y Diputadas del Parlamento de Andalucía no podrán ser detenidos por los actos delictivos cometidos en el territorio de Andalucía, sino en caso de flagrante delito, correspondiendo decidir, en todo caso, sobre su inculpación, prisión, procesamiento y juicio a:

a) La Audiencia Nacional.
b) La Sala de lo Penal del Tribunal Supremo.

c) El Tribunal Superior de Justicia de Andalucía.
d) La Audiencia Provincial de Sevilla.

42. El art. 102 del Estatuto de Autonomía para Andalucía señala que el Parlamento de Andalucía goza de plena autonomía:

a) Presupuestaria.
b) Disciplinaria.
c) Reglamentaria.
d) Todas las respuestas son correctas.

43. ¿Cuántos periodos ordinarios tiene el Parlamento de Andalucía?

a) Cuatro.
b) Tres.
c) Dos.
d) Uno.

44. ¿Cuándo se inicia el primer periodo de sesiones del Parlamento de Andalucía?

a) En enero.
b) En febrero.
c) En septiembre.
d) En noviembre.

45. ¿Cuándo tendrán lugar las elecciones al Parlamento de Andalucía?

a) A los treinta días siguientes a la expiración del mandato.
b) Entre los veinte y cincuenta días posteriores a la expiración del mandato.
c) Entre los treinta y sesenta días posteriores a la expiración del mandato.
d) Entre los treinta y cuarenta y cinco días posteriores a la expiración del mandato.

46. La responsabilidad civil de los Consejeros por los hechos en que dichas personas hubieran incurrido con ocasión del ejercicio de sus cargos será exigible ante:

a) La Audiencia Nacional.
b) La Sala de lo Penal del Tribunal Supremo.
c) El Tribunal Superior de Justicia de Andalucía.
d) La Audiencia Provincial de Sevilla.

47. La moción de censura contra el Presidente de la Junta de Andalucía no podrá ser votada hasta que transcurran:

a) Veinte días desde su presentación.
b) Diez días desde su presentación.
c) Siete días desde su presentación.
d) Cinco días desde su presentación.

48. ¿Dónde tiene su sede el Consejo Consultivo?

a) En Sevilla.
b) En Granada.
c) En Málaga.
d) En Antequera.

49. ¿Cuál es el órgano colegiado de carácter consultivo del Gobierno de la Comunidad Autónoma de Andalucía en materia económica y social, cuya finalidad primordial es servir de cauce de participación y diálogo permanente en los asuntos socioeconómicos?

a) El Consejo Económico de Andalucía.
b) El Comité de Control Económico y Social de Andalucía.
c) El Consejo Económico y Social de Andalucía.
d) El Consejo Consultivo.

50. ¿A quién corresponde exclusivamente, según determina el art. 115 del Estatuto de Autonomía, el control de constitucionalidad de las disposiciones normativas de la Comunidad Autónoma con fuerza de ley?

a) Al Tribunal Constitucional.
b) Al Tribunal Supremo.
c) Al Tribunal Superior de Justicia de Andalucía.
d) Al Defensor del Pueblo.

En MADTEST tienes **más preguntas de este tema**, y todos tus avances quedan registrados y se reflejan en el ranking.

¡Supera tus límites con MADTEST!

Solución al test n.º 2

1. b) La Comunidad Autónoma de Andalucía promoverá las condiciones para que la libertad y la igualdad del individuo y de los grupos en que se integra sean reales y efectivas.

2. c) Los valores constitucionales y en los principios y objetivos establecidos en este Estatuto como señas de identidad propias de la Comunidad Autónoma.

3. a) 250 artículos divididos en once Títulos.

4. c) Nacionalidad histórica.

5. a) Solidaridad.

6. b) La Asamblea de Ronda de 1918.

7. c) Andalucía por sí, para España y la Humanidad.

8. c) Granada.

9. c) El Título X.

10. a) Economía, Empleo y Desarrollo.

11. b) Los españoles con vecindad administrativa en algún municipio andaluz.

12. b) Esta condición en el correspondiente consulado de España.

13. c) Sevilla.

14. b) La integración social de los inmigrantes mediante políticas transversales dirigidas a todos los ciudadanos y ciudadanas andaluces y andaluzas.

15. d) todas las personas con vecindad administrativa en Andalucía.

16. d) Si, en el derecho a la dignidad de las personas ante el proceso de muerte.

17. c) Todas las parejas no casadas tienen la obligación de inscribir en un registro público sus opciones de convivencia.

18. d) Si, salvo en la educación infantil que se estará a lo que establezca la ley,

19. a) El derecho a una remuneración justa en el trabajo e igualitaria entre mujeres y hombres.

20. a) El artículo 22.

21. b) Especiales y preferentes.

22. a) La plena equiparación laboral entre hombres y mujeres y así como la conciliación de la vida laboral y familiar.

23. d) Todas las respuestas son correctas.

24. c) El Defensor o Defensora del Pueblo Andaluz.

25. d) Compartida.

26. a) La organización, funcionamiento interno, evaluación, inspección y control de centros, servicios y establecimientos sanitarios.

27. b) Exclusiva.

28. c) Exclusiva de la comunidad.

29. a) Exclusiva de la comunidad.

30. b) Al Estado.

31. b) La regulación, ordenación y gestión de los servicios sociales.

32. c) La regulación del régimen de protección y de las instituciones públicas de tutela de menores desamparados.

33. b) La autorización de trabajo para extranjeros cuya relación laboral se desarrolle en Andalucía.

34. b) La red viaria de Andalucía, integrada por ferrocarriles, carreteras y caminos cuyo itinerario se desarrolle íntegramente en territorio andaluz.

35. b) La Junta de Seguridad.

36. b) La planificación y ejecución de medidas relativas a emergencias y seguridad civil.

37. b) El fomento y difusión del flamenco como patrimonio cultural andaluz.

38. b) La organización del servicio público de comunicación audiovisual de la Junta de Andalucía.

39. c) 109 Diputados y Diputadas.

40. c) Por cuatro años.

41. c) El Tribunal Superior de Justicia de Andalucía.

42. d) Todas las respuestas son correctas.

43. c) Dos.

44. c) En septiembre.

45. c) Entre los treinta y sesenta días posteriores a la expiración del mandato.

46. c) El Tribunal Superior de Justicia de Andalucía.

47. d) Cinco días desde su presentación.

48. b) En Granada.

49. c) El Consejo Económico y Social de Andalucía.

50. a) Al Tribunal Constitucional.

TEST N.º 3

Organización sanitaria (I). Ley 14/1986, de 25 de abril, General de Sanidad: principios generales del sistema de salud; competencias de las Administraciones Públicas; estructura del sistema sanitario público. La organización general del sistema sanitario público de Andalucía (SSPA). Ley 2/1998, de 15 de junio, de Salud de Andalucía: objeto, principios y alcance; derechos y deberes de los ciudadanos. El Plan Andaluz de Salud. Conocimiento general de los Planes Marco y Estrategias vigentes de la Consejería competente en materia de Salud y del Servicio Andaluz de Salud. El Contrato Programa

1. Según el artículo 9.2 de la Constitución española ¿a qué órgano corresponde promover las condiciones para que la libertad y la igualdad del individuo y de los grupos en que se integra sean reales y efectivas, remover los obstáculos que impidan o dificulten su plenitud y facilitar la participación de todos los ciudadanos en la vida política, económica, cultural y social?

a) A las Administraciones públicas.
b) A la Administración Sanitaria pública.
c) A los poderes públicos.
d) Al Estado y a las Comunidades autónomas.

2. Al amparo de qué artículo de la Constitución Española se promulga con el carácter de norma básica la Ley 14/1986, de 25 de abril, General de Sanidad:

a) Del artículo 149.1.16
b) Del artículo 149.1.19
c) Del artículo 148.1.23
d) Del artículo 148.1.13

3. La estructura del Sistema Sanitario Público, se regula en el siguiente título de la Ley General de Sanidad:

a) Título II.
b) Título VI.

c) Título IV.
d) Título III.

4. ¿Qué principio introduce la Ley General de Sanidad cuando dispone que "la asistencia sanitaria pública se extenderá a toda la población española"?

a) El principio de solidaridad del derecho a la asistencia sanitaria.
b) El principio de promoción del derecho a la asistencia sanitaria.
c) El principio de la universalidad del derecho a la asistencia sanitaria.
d) El principio de igualdad del derecho a la asistencia sanitaria.

5. La Ley General de Sanidad tiene por objeto:

a) La reforma del sistema sanitario privado.
b) Las necesidades de mejora en los servicios prestados a los ciudadanos extranjeros.
c) La distribución de competencias entre el Estado y las Comunidades Autónomas y las Corporaciones Locales.
d) Hacer efectivo el derecho a la protección de la salud.

6. A tenor de la Ley General de Sanidad, los poderes públicos procederán, mediante el correspondiente desarrollo normativo, a la aplicación de la facultad de elección de médico en la atención primaria del Área de Salud. ¿En qué núcleos de población se podrá elegir en el conjunto de la ciudad?

a) En los núcleos de población de más de 250.000 habitantes.
b) En los núcleos de población de más de 225.000 habitantes.
c) En los núcleos de población de más de 200.000 habitantes.
d) En los núcleos de población de más de 150.000 habitantes.

7. Según la Ley General de Sanidad, la valoración de la idoneidad sanitaria de los medicamentos y demás productos y artículos sanitarios, tanto para autorizar su circulación y uso como para controlar su calidad, es una actuación que corresponde:

a) A la Administración Sanitaria del Estado.
b) Al conjunto de las Administraciones Sanitarias.
c) A la Administración Sanitaria del Estado y a las Comunidades Autónomas de común acuerdo.
d) Al Consejo Interterritorial del Sistema Nacional de Salud.

8. Según dispone el artículo 7 de la Ley General de Sanidad, los servicios sanitarios, así como los administrativos, económicos y cualesquiera otros que sean precisos para el funcionamiento del Sistema de Salud, adecuarán su organización y funcionamiento a los principios de:

a) Eficacia, igualdad, economía y flexibilidad.
b) Eficacia, celeridad, economía y publicidad.

c) Igualdad, solidaridad, economía y flexibilidad.
d) Eficacia, celeridad, economía y flexibilidad.

9. La Ley General de Sanidad establece que la organización y funcionamiento los servicios sanitarios se adecuarán a los principios de (señala el incorrecto):

a) Economía.
b) Flexibilidad.
c) Celeridad.
d) Coordinación.

10. Las principales características del modelo establecido por la LGS son:

a) Universalización de la atención, desconcentración, descentralización y atención primaria.
b) Universalización de la atención, coordinación y desconcentración, descentralización y atención primaria.
c) Universalización de la atención, accesibilidad y desconcentración, descentralización y atención primaria.
d) Universalización de la atención, accesibilidad y desconcentración, descentralización y atención primaria y especializada.

11. Según la Ley General de Sanidad, los órganos colegiados de participación comunitaria para la consulta y el seguimiento de la gestión, en los que participaran las organizaciones empresariales y sindicales, se denominan:

a) Consejos de Salud de Área.
b) Consejos de Dirección de Área.
c) Gerencia de Área.
d) Consejo de Participación del Área.

12. La Ley General de Sanidad crea un órgano coordinador entre las Comunidades Autónomas y la Administración General del Estado. ¿Cuál es?

a) El Instituto de Coordinación Sanitaria.
b) El Consejo Interterritorial del Sistema Nacional de Salud.
c) El Consejo Interterritorial de Coordinación del Sistema Nacional de Salud.
d) El Consejo Interterritorial de Salud.

13. Según la Ley General de Sanidad, la estructura fundamental del sistema sanitario, responsabilizada de la gestión unitaria de los centros y establecimientos del servicio de salud de la Comunidad Autónoma en su demarcación territorial y de las prestaciones sanitarias y programas sanitarios a desarrollar, se denomina:

a) Servicio de Salud.
b) Sistema Nacional de Salud.

c) Zona Básica de Salud.
d) Área de Salud.

14. El Plan Integrado de Salud:

a) Es el documento que recoge las necesidades financieras del Sistema Nacional de salud.
b) Es aprobado por el Consejo Interterritorial del Sistema Nacional de Salud.
c) Tendrá una vigencia de un año.
d) Recoge en un documento único los Planes estatales, los de las Comunidades Autónomas y los conjuntos.

15. Teniendo en cuenta los principios básicos que se establecen a tal efecto en la Ley General de Sanidad, corresponde delimitar y constituir las denominadas Áreas de Salud:

a) Al Ministerio de Sanidad.
b) A las Comunidades Autónomas.
c) A los Municipios y Provincias.
d) Al Consejo Interterritorial del Sistema Nacional de Salud.

16. Conforme a lo previsto en la Ley General de Sanidad, ¿cuántas Áreas de salud tendrá, como mínimo, cada provincia?

a) Una.
b) Dos.
c) Tres.
d) Cuatro.

17. Según lo establecido en la Ley General de Sanidad, es una función del Consejo de salud del área de salud:

a) Promover la participación comunitaria en el seno del área de salud.
b) Verificar la adecuación de las actuaciones en el área de salud a las normas y directrices de la política sanitaria y económica.
c) Conocer e informar el anteproyecto del Plan de Salud del área y de sus adaptaciones anuales.
d) Todas las respuestas anteriores son correctas.

18. Conforme a la Ley General de Sanidad, la aprobación de las prioridades específicas del Área de Salud le corresponde:

a) Al Consejo de salud.
b) Al Comité de dirección.
c) A la Gerencia.
d) Al Consejo de dirección de Área.

19. Según la Ley General de Sanidad, las actividades que se realicen en materia de control de posibles riesgos para la salud derivados del tráfico internacional de viajeros son:

a) Competencia exclusiva del Ministerio de Asuntos Exteriores.
b) Actividades de sanidad exterior.
c) Competencia exclusiva del Ministerio de Sanidad.
d) Excluidas de la Ley General de Sanidad.

20. Respecto de las Corporaciones Locales, la Ley General de Sanidad determina unas competencias:

a) Exclusivas.
b) De actuación.
c) Mínimas de los Ayuntamientos.
d) Exclusivas de los Ayuntamientos.

21. La Ley General de Sanidad determina que es competencia exclusiva del Estado:

a) Los acuerdos sanitarios internacionales.
b) Las relaciones interterritoriales.
c) La Sanidad interior.
d) La Inspección general.

22. La Ley General de Sanidad establece en su artículo 54 que el Plan de Salud de cada Comunidad Autónoma deberá englobar el conjunto de los planes de las diferentes:

a) Áreas de salud.
b) Áreas hospitalarias.
c) Administraciones públicas sanitarias.
d) Administraciones sanitarias.

23. La descentralización, autonomía y responsabilidad en la gestión de los servicios, se recoge en la Ley de Salud de Andalucía como:

a) Derechos de los usuarios del Sistema Sanitario Público de Andalucía.
b) Principios generales de organización del Servicio Andaluz de Salud.
c) Principios en los que se han de inspirar las actuaciones sobre protección de la salud.
d) Objetivos de la Ley.

24. Entre los derechos reconocidos a los ciudadanos por la Ley de Salud de Andalucía se incluye el de que se les extienda certificado acreditativo de su estado de salud:

a) Siempre.
b) Cuando así lo soliciten.

c) Cuando así lo establezca una disposición legal o reglamentaria.
d) En el momento del alta hospitalaria.

25. La Ley de Salud de Andalucía reconoce a los enfermos mentales, en los supuestos de ingreso involuntario sin autorización judicial previa, su derecho a que por el Centro se solicite:

a) El alta voluntaria.
b) El ingreso voluntario.
c) La correspondiente autorización judicial.
d) El permiso de fin de semana.

26. La Ley de Salud de Andalucía se estructura en:

a) 81 artículos y está dividida en 9 Títulos.
b) 83 artículos y está dividida en 7 Títulos.
c) 85 artículos y está dividida en 7 Títulos.
d) 87 artículos y está dividida en 6 Títulos.

27. Según la Ley 2/1998, de 15 de junio, de Salud de Andalucía, el disfrute de un medio ambiente favorable a la salud:

a) Es una obligación de los ciudadanos respecto a los servicios de salud.
b) Es un derecho de los ciudadanos.
c) La Ley 2/1998, de 15 de junio, de Salud de Andalucía no lo contempla.
d) Es un derecho de los ciudadanos. Las Administraciones Públicas podrán adoptar las medidas necesarias para ello, de conformidad con la normativa vigente.

28. Señale uno de los deberes individuales de los ciudadanos, respecto de los servicios sanitarios en Andalucía, recogido en la Ley 2/1998:

a) Cuidar las instalaciones y colaborar en el mantenimiento de la habitabilidad de los centros.
b) Mantener el debido respeto a las normas establecidas en cada centro, así como al personal que preste servicios en los mismos.
c) Firmar, en caso de negarse a las actuaciones sanitarias, el documento pertinente, en el que quedará expresado con claridad que el paciente ha quedado suficientemente informado y rechaza el tratamiento sugerido.
d) Todas las respuestas son correctas.

29. "Disponer de información sobre el costo económico de las prestaciones y servicios recibidos" es algo que viene recogido en la Ley de Salud de Andalucía como:

a) Un deber.
b) Un derecho.

c) Una prestación de la atención especializada.

d) Un objetivo de Salud Pública.

30. La actuación sanitaria de la Administración Pública de la Junta de Andalucía se regirá por los principios de:

a) Igualdad, solidaridad institucional, cooperación y coordinación con el resto de las actuaciones de la misma y con las demás Administraciones Públicas de la Comunidad Autónoma, sin perjuicio del respeto a las competencias atribuidas a cada una de ellas.

b) Igualdad, participación, cooperación y coordinación con el resto de las actuaciones de la misma y con las demás Administraciones Públicas de la Comunidad Autónoma, sin perjuicio del respeto a las competencias atribuidas a cada una de ellas.

c) Legalidad, cooperación y coordinación con el resto de las actuaciones de la misma y con las demás Administraciones Públicas de la Comunidad Autónoma, sin perjuicio del respeto a las competencias atribuidas a cada una de ellas.

d) Planificación, participación, cooperación y coordinación con el resto de las actuaciones de la misma y con las demás Administraciones Públicas de la Comunidad Autónoma, sin perjuicio del respeto a las competencias atribuidas a cada una de ellas.

31. El artículo 8 de la Ley de Salud de Andalucía recoge las obligaciones de los ciudadanos respecto a los servicios de salud. Entre ellas se encuentra: quien se niegue a las actuaciones sanitarias debe firmar:

a) El alta voluntaria.

b) El alta involuntaria.

c) El documento pertinente.

d) La autorización judicial.

32. ¿A quién corresponde la elaboración del Plan Andaluz de Salud?

a) Al Parlamento de Andalucía.

b) Al Consejo de Gobierno de la Junta de Andalucía.

c) A la Consejería de Salud (actualmente Sanidad, Presidencia y Emergencias).

d) Al Ministerio de Sanidad.

33. El Plan Andaluz de Salud se aprueba por:

a) El Parlamento de Andalucía.

b) El Consejo de Gobierno de la Junta de Andalucía.

c) La Consejería de Salud (actualmente Sanidad, Presidencia y Emergencias.

d) El Ministerio de Sanidad.

34. Los Planes de Salud que elaboren los órganos específicos de las Áreas de Salud de Andalucía, serán aprobados por:

a) Dichos órganos.

b) La Consejería de Salud (actualmente Sanidad, Presidencia y Emergencias).

c) El Parlamento.
d) El Consejo de Gobierno de la Junta de Andalucía.

35. Una vez que se ha aprobado el Plan Andaluz de Salud éste se ha de remitir al Parlamento para su:

a) Publicación.
b) Comunicación.
c) Conocimiento y estudio.
d) Tramitación como ley.

36. Los Planes de Salud de las Áreas de Salud de Andalucía son aprobados por:

a) La Delegación Provincial de la Consejería de Salud (actualmente Sanidad, Presidencia y Emergencias).
b) La Consejería de Salud (actualmente Sanidad, Presidencia y Emergencias).
c) El Consejo de Gobierno de la Junta de Andalucía.
d) El Consejo de Dirección del Área de Salud.

37. ¿Qué Plan de Salud recoge en un único documento los planes estatales, los planes de las Comunidades Autónomas y los Planes conjuntos?

a) El Plan Nacional de Salud.
b) El Plan de Salud del Ministerio de Sanidad.
c) El Plan Integral de Salud.
d) El Plan Integrado de Salud.

38. La Ley 2/1998, de Salud de Andalucía, establece que el Plan Andaluz de Salud contemplará (señale la respuesta incorrecta):

a) Conclusiones del análisis de los problemas de salud de la Comunidad Autónoma.
b) Objetivos de salud generales y por áreas de actuación.
c) Definición de estrategias y políticas de intervención.
d) Periodo cuatrienal de vigencia.

39. El IV Plan Andaluz de Salud ha de tener vigencia durante el periodo:

a) 2021-2026.
b) 2013-2020.
c) 2013-2017.
d) 2015-2019.

40. El IV Plan Andaluz de Salud para el periodo 2013-2020 se organiza en:

a) 8 Compromisos, 24 Metas y 92 Objetivos.
b) 6 Compromisos, 24 Metas y 92 Objetivos.

c) 6 Compromisos, 22 Metas y 82 Objetivos.
d) 8 Compromisos, 12 Metas y 42 Objetivos.

41. El IV Plan Andaluz de Salud incluye:

a) Seis compromisos de salud.
b) Veinte líneas prioritarias de actuación.
c) Noventa y dos grandes metas.
d) Ciento dos objetivos.

42. ¿Con qué compromiso del IV Plan Andaluz de Salud se pretende que el conocimiento y uso de los servicios sanitarios se realicen de forma equitativa?

a) Aumentar la esperanza de vida en buena salud.
b) Generar y desarrollar los activos de salud de nuestra comunidad y ponerlos a disposición de la sociedad andaluza.
c) Reducir las desigualdades sociales en salud.
d) Situar el Sistema Sanitario Público de Andalucía al servicio de la ciudadanía con el liderazgo de los/las profesionales.

43. ¿En qué compromiso del IV Plan Andaluz de Salud se consideran los programas y planes integrales que se desarrollan en Andalucía destinados a mejorar los estilos de vida y promocionar los entornos saludables, prevenir las enfermedades y las lesiones, el diagnóstico precoz y la rehabilitación, el envejecimiento activo y los problemas infrecuentes, como los del Plan Andaluz de Enfermedades Raras?

a) Aumentar la esperanza de vida en buena salud.
b) Proteger y promover la salud de las personas ante los efectos del cambio climático, la sostenibilidad, la globalización y los riesgos emergentes de origen ambiental y alimentario.
c) Generar y desarrollar los activos de salud de nuestra comunidad y ponerlos a disposición de la sociedad andaluza.
d) Situar el Sistema Sanitario Público de Andalucía al servicio de la ciudadanía con el liderazgo de los/las profesionales.

44. ¿En qué compromiso del IV Plan Andaluz de Salud se determina que la salud es una cuestión de justicia social?

a) Generar y desarrollar los activos de salud de nuestra comunidad y ponerlos a disposición de la sociedad andaluza.
b) Reducir las desigualdades sociales en salud.
c) Situar el Sistema Sanitario Público de Andalucía al servicio de la ciudadanía con el liderazgo de los/las profesionales.
d) Fomentar la gestión del conocimiento e incorporación de tecnologías con criterios de sostenibilidad para mejorar la salud de la población.

45. ¿En qué compromiso del IV Plan Andaluz de Salud se desarrolla el diagnóstico por teleasistencia?

a) Aumentar la esperanza de vida en buena salud.

b) Generar y desarrollar los activos de salud de nuestra comunidad y ponerlos a disposición de la sociedad andaluza.

c) Situar el Sistema Sanitario Público de Andalucía al servicio de la ciudadanía con el liderazgo de los/las profesionales.

d) Fomentar la gestión del conocimiento e incorporación de tecnologías con criterios de sostenibilidad para mejorar la salud de la población.

46. En la clasificación establecida por la Consejería de Sanidad, Presidencia y Emergencias y el Servicio Andaluz de Salud, el Plan Andaluz de urgencias y emergencias tiene carácter de

a) Estrategia.

b) Plan estratégico.

c) Plan marco.

d) Plan integral.

47. En la clasificación establecida por la Consejería de Sanidad, Presidencia y Emergencias y el Servicio Andaluz de Salud, figura como Plan integral:

a) El Plan de humanización

b) El Plan de enfermedades respiratorias crónicas (ERC).

c) El Plan Andaluz de genética.

d) El Plan Andaluz de atención al Ictus.

48. La Estrategia Andaluza para la Coordinación Sociosanitaria 2024-2027 se constituye como el instrumento de colaboración y coordinación entre la Consejería competente en materia de salud y:

a) La Consejería competente en materia de políticas sociales.

b) El Ministerio competente en materia de políticas sociales.

c) La Consejería de Asuntos Sociales, Familia e Igualdad.

d) El Ministerio de Sanidad.

49. El instrumento de que se dota la Dirección Gerencia del Servicio Andaluz de Salud para establecer las actividades a realizar por sus centros, los recursos de que éstos dispondrán, así como el marco y dinámica de sus relaciones para cada año, se denomina:

a) Plan estratégico.

b) Plan hospitalario.

c) Contrato programa.

d) Presupuesto anual.

50. El Contrato Programa 2025 SAS-Centros sanitarios se estructura en torno a tres perspectivas fundamentales que guían sus objetivos estratégicos y marcan la hoja de ruta para los próximos años. Estas tres perspectivas son:

a) Accesibilidad, Resultados en Salud y Eficacia.
b) Accesibilidad, Resultados en Salud y Eficiencia.
c) Accesibilidad, Calidad asistencial y Eficiencia económica.
d) Flexibilidad, Resultados en salud y Eficiencia.

En MADTEST tienes **más preguntas de este tema**, y todos tus avances quedan registrados y se reflejan en el ranking.

¡Supera tus límites con MADTEST!

Solución al test n.º 3

1. c) A los poderes públicos.

2. a) Del artículo 149.1.16

3. d) Título III.

4. c) El principio de la universalidad del derecho a la asistencia sanitaria.

5. d) Hacer efectivo el derecho a la protección de la salud.

6. a) En los núcleos de población de más de 250.000 habitantes.

7. a) A la Administración Sanitaria del Estado.

8. d) Eficacia, celeridad, economía y flexibilidad.

9. d) Coordinación.

10. c) Universalización de la atención, accesibilidad y desconcentración, descentralización y atención primaria.

11. a) Consejos de Salud de Área.

12. b) El Consejo Interterritorial del Sistema Nacional de Salud.

13. d) Área de Salud.

14. d) Recoge en un documento único los Planes estatales, los de las Comunidades Autónomas y los conjuntos.

15. b) A las Comunidades Autónomas.

16. a) Una.

17. d) Todas las respuestas anteriores son correctas.

18. d) Al Consejo de dirección de Área.

19. b) Actividades de sanidad exterior.

20. c) Mínimas de los Ayuntamientos.

21. a) Los acuerdos sanitarios internacionales.

22. a) Áreas de salud.

23. c) Principios en los que se han de inspirar las actuaciones sobre protección de la salud.

24. b) Cuando así lo soliciten.

25. c) La correspondiente autorización judicial.

26. a) 81 artículos y está dividida en 9 Títulos.

27. b) Es un derecho de los ciudadanos.

28. d) Todas las respuestas son correctas.

29. b) Un derecho.

30. d) Planificación, participación, cooperación y coordinación con el resto de las actuaciones de la misma y con las demás Administraciones Públicas de la Comunidad Autónoma, sin perjuicio del respeto a las competencias atribuidas a cada una de ellas.

31. c) El documento pertinente.

32. c) A la Consejería de Salud (actualmente Sanidad, Presidencia y Emergencias).

33. b) El Consejo de Gobierno de la Junta de Andalucía.

34. b) La Consejería de Salud (actualmente Sanidad, Presidencia y Emergencias).

35. c) Conocimiento y estudio.

36. b) La Consejería de Salud (actualmente Sanidad, Presidencia y Emergencias).

37. d) El Plan Integrado de Salud.

38. d) Periodo cuatrienal de vigencia.

39. b) 2013-2020.

40. b) 6 Compromisos, 24 Metas y 92 Objetivos.

41. a) Seis compromisos de salud.

42. c) Reducir las desigualdades sociales en salud.

43. a) Aumentar la esperanza de vida en buena salud.

44. b) Reducir las desigualdades sociales en salud.

45. d) Fomentar la gestión del conocimiento e incorporación de tecnologías con criterios de sostenibilidad para mejorar la salud de la población.

46. c) Plan marco.

47. d) El Plan Andaluz de atención al Ictus.

48. a) La Consejería competente en materia de políticas sociales.

49. c) Contrato programa.

50. b) Accesibilidad, Resultados en Salud y Eficiencia.

TEST N.º 4

Organización sanitaria (II). Estructura, organización y competencias de la Consejería competente en materia de salud y del Servicio Andaluz de Salud. Asistencia sanitaria pública en Andalucía: la estructura, organización y funcionamiento de los servicios de Atención Primaria; la organización de los Hospitales y de la Atención Especializada; y las Áreas de Gestión Sanitarias.
Áreas de organización especial: Salud Mental; Trasplantes; Urgencias; Red Andaluza de Medicina Transfusional, Tejidos y Células; Biobanco del SSPA

1. La estructura orgánica de la Consejería de Salud y del Servicio Andaluz de Salud se establece actualmente (diciembre de 2025) en:

a) Decreto 185/2025, de 1 de diciembre.
b) Decreto 168/2025, de 5 de noviembre.
c) Decreto 5/2025, de 1 de febrero.
d) Decreto 198/2024, de 3 de septiembre.

2. Es competencia de la Consejería de Salud (Sanidad, Presidencia y Emergencias) de la Junta de Andalucía:

a) La aprobación del Plan Andaluz de Salud.
b) La elaboración del Plan Andaluz de Salud.
c) La creación de las áreas de salud, así como la aprobación y modificación de sus límites territoriales.
d) La determinación de los órganos, estructura y funcionamiento de los distritos de atención primaria y los hospitales.

3. No es competencia de la Consejería de Salud (Sanidad, Presidencia y Emergencias) de la Junta de Andalucía:

a) La aprobación del anteproyecto de presupuesto del Servicio Andaluz de Salud.
b) La óptima distribución de los medios económicos afectos a la financiación de los servicios y prestaciones que configuran el Sistema Sanitario Público y de cobertura pública.

c) La prestación de asistencia sanitaria en los centros y servicios sanitarios del Servicio Andaluz de Salud.

d) La coordinación de todo el dispositivo sanitario público y de cobertura pública y la mejor utilización de los recursos disponibles.

4. La dirección, ejecución y evaluación de las políticas de acreditación y certificación de calidad en el ámbito de competencias de la Consejería de Sanidad, Presidencia y Emergencias, en coordinación con las sociedades científicas y los colegios profesionales, corresponde (D 168/2025):

a) A la Secretaría General de Formación y Calidad.
b) A la Secretaría General Técnica de Sanidad y Consumo.
c) A la Dirección General de Salud Pública y Ordenación Farmacéutica.
d) A la Secretaría General de Innovación, Investigación y Salud Digital.

5. Señala la respuesta incorrecta respecto a las Delegaciones Territoriales de la Consejería de Salud y Consumo:

a) El Delegado territorial de la Consejería de Sanidad, Presidencia y Emergencias es nombrado y separado mediante Decreto del Consejo de Gobierno, a propuesta de la persona titular de la Presidencia de la Junta de Andalucía.

b) La persona titular de la Delegación territorial ostenta la representación institucional de la Consejería en su respectivo ámbito territorial y ejerce la dirección, coordinación y control inmediato de los servicios periféricos asignados.

c) Les corresponde ejercer la jefatura de todo el personal de la Delegación y las competencias de administración y gestión ordinarias del mismo que expresamente se le deleguen.

d) En cada Delegación territorial se integra la correspondiente Intervención Provincial del Servicio Andaluz de Salud.

6. Según lo que determina el D 168/2025, la elaboración del anteproyecto del presupuesto de la Consejería de Salud y Consumo le corresponde a:

a) La Viceconsejería.
b) La Secretaría General de Salud y Consumo.
c) La Secretaría General de Innovación, Investigación y Salud Digital.
d) La Secretaría General de Sanidad y Consumo..

7. Conforme al D 168/2025, la vigilancia del estado de salud de la población de Andalucía es una competencia propia de:

a) La Secretaría General de Innovación, Investigación y Salud Digital.
b) La Dirección General de Salud Pública y Ordenación Farmacéutica.
c) La Secretaría General de Salud y Consumo.
d) La Viceconsejería.

8. Según lo dispuesto en el D 168/2025 no es una función de la Dirección General de Consumo:

a) La definición, en coordinación con la Consejería competente en materia de políticas sociales, de un catálogo de centros sociosanitarios.
b) El desarrollo y la implementación de las redes de alerta de consumo en Andalucía.
c) La promoción y organización de campañas de información a la persona consumidora y usuaria.
d) La gestión del Registro Público de Asociaciones de Consumidores y Usuarios en Andalucía.

9. A tenor del artículo 35 de la Ley 9/2007, los órganos territoriales provinciales de la Administración de la Junta de Andalucía pueden ser:

a) Delegaciones provinciales de las Consejerías.
b) Delegaciones del Gobierno de la Junta de Andalucía.
c) Delegaciones territoriales.
d) Todas las respuestas anteriores son correctas.

10. ¿Quién preside el Consejo Andaluz de Salud?

a) El Presidente de la Junta de Andalucía.
b) El Consejero de Salud (Sanidad, Presidencia y Emergencias).
c) El Viceconsejero de Salud.
d) El Director Gerente del Servicio Andaluz de Salud.

11. Según la Ley del Servicio Andaluz de Salud, cada Área de Salud está integrada administrativa y funcionalmente por unidades menores, que son de dos tipos:

a) Consejo de Salud y Consejo de Dirección.
b) Hospital General Básico y Hospital General de Especialidades.
c) Distrito de Atención Primaria y Red hospitalaria pública.
d) Distrito de Atención Primaria y Área hospitalaria.

12. ¿Cuál es el máximo órgano del Servicio Andaluz de Salud?

a) La Dirección Gerencia.
b) La Comisión de Dirección.
c) El Consejo de Administración.
d) La Dirección de Coordinación Sanitaria.

13. En un Hospital del SAS, ¿qué Director se responsabiliza del correcto funcionamiento del equipo electromédico del Hospital (D 105/1986)?

a) El Director Gerente.
b) El Director Médico.

c) El Director Económico Administrativo.
d) El Director de Servicios Generales.

14. Las instituciones sanitarias que prestan asistencia especializada en régimen de internamiento son:

a) Hospitales.
b) Centros de Especialidades.
c) Centros de alta resolución de especialidades.
d) Centros de Diagnóstico y Tratamiento.

15. En Andalucía, la demarcación geográfica para la gestión y administración de la asistencia especializada es (D 105/1986):

a) El Área de Salud.
b) El Área hospitalaria.
c) El Área sanitaria.
d) El Área extrahospitalaria.

16. Señala una de las funciones del Director-Gerente de hospital (D 105/1986):

a) Elaborar el Proyecto de Presupuesto Anual sobre la base de los objetivos definidos por la Comisión de Dirección dentro de los criterios marcados por los órganos competentes de la Junta de Andalucía.
b) Desarrollar las funciones de gestión de personal.
c) Presentar las propuestas necesarias para el mejor funcionamiento de las Unidades de Enfermería.
d) Asegurar la relación del Hospital con la Red Sanitaria de la Comunidad.

17. La Comisión de Dirección del Hospital se reunirá en sesión ordinaria (D 105/1986):

a) Al menos una vez al mes.
b) El primer jueves de cada mes.
c) Diariamente.
d) Una vez a la semana.

18. Señala la respuesta incorrecta respecto a la Comisión de Dirección de hospital (D 105/1986):

a) La Comisión de Dirección se reunirá en sesión ordinaria al menos una vez al trimestre, y siempre que lo estime necesario el Director-Gerente.
b) Está integrada por los titulares de cada uno de los Órganos de Dirección y bajo la presidencia del Director-Gerente.
c) Le corresponde la coordinación e integración de las distintas Divisiones y Unidades Hospitalarias, posibilitando el logro de los objetivos y programas que tengan asignados.
d) Presenta el proyecto de Presupuestos del Hospital y Centros Periféricos de Especialidades.

19. La organización de los servicios de atención primaria en Andalucía se regula en:

a) El Decreto 77/2008, de 4 de marzo.
b) El Decreto 195/1985, de 28 de agosto.
c) La Ley 14/1986, de 25 de abril.
d) El Decreto 197/2007, de 3 de julio.

20. Los Centros de Atención Primaria de los núcleos de población o municipios de ámbito rural de Andalucía se denominan:

a) Centros de Distrito.
b) Centros de Salud.
c) Consultorios locales.
d) Consultorios auxiliares.

21. Es un órgano intermedio del Distrito de atención primaria:

a) Dirección Gerencia.
b) Dirección de Salud.
c) Dirección de Cuidados de Enfermería.
d) Dirección de Unidades de Gestión Clínica.

22. Según determina el Decreto 197/2007, es competencia de la Dirección de Salud del Distrito de atención primaria:

a) Planificar, organizar, dirigir, evaluar y velar por la gestión de los servicios y prestaciones asistenciales, y de los servicios de salud pública en su ámbito territorial.
b) Garantizar, en su ámbito territorial de actuación, la atención sanitaria a la población que tenga reconocido este derecho.
c) La coordinación general de los planes y actuaciones del distrito de atención primaria.
d) Evaluar, desde el punto de vista de la calidad, efectividad y eficiencia, los procesos, servicios, prestaciones y actividades asistenciales, así como garantizar la accesibilidad y la continuidad asistencial.

23. La Comisión de Dirección del Distrito de atención primaria se reunirá con carácter ordinario, al menos, con una periodicidad:

a) Bimensual.
b) Mensual.
c) Semanal.
d) Quincenal.

24. ¿Cómo se denomina el órgano de carácter asesor de la Dirección Gerencia del Distrito de Atención Primaria (D 197/2007)?

a) Consejo de Dirección.
b) Comité Técnico.

c) Junta de Asistencia Técnica.
d) Comisión de Dirección.

25. ¿Cuál es la duración del acuerdo de gestión clínica en el ámbito de los Distritos de Atención Primaria prevista en el D 197/2007?

a) Cinco años, si bien podrá ser renovado sucesivamente por iguales periodos.
b) Cuatro años, si bien podrá ser renovado sucesivamente por iguales periodos.
c) Tres años, si bien podrá ser renovado sucesivamente por iguales periodos.
d) Dos años, si bien podrá ser renovado sucesivamente por iguales periodos.

26. Entre los requisitos tenidos en cuenta por la Consejería de Salud (actualmente Sanidad, Presidencia y Emergencias) para la delimitación de los Distritos de Atención Primaria se encuentran criterios:

a) Demográficos.
b) Culturales.
c) Epidemiológicos.
d) Todos los anteriores.

27. ¿Qué régimen asistencial no se presta en los Centros de Atención Primaria?

a) Ambulatorio.
b) Domiciliario.
c) De urgencia.
d) De internamiento.

28. Es un órgano directivo del Distrito de atención primaria:

a) Dirección Económica administrativa y de Servicios Generales.
b) Dirección de Gestión Económica y de Desarrollo Profesional.
c) Dirección Económica administrativa.
d) Dirección de Servicios Generales.

29. Según determina el Decreto 197/2007, es competencia de la Dirección Gerencia del Distrito de atención primaria:

a) La superior dirección y gestión de personal y de los recursos económico-financieros asignados al distrito de atención primaria.
b) La gestión de los recursos humanos, asegurando los objetivos de gestión eficiente de los mismos y el impulso del desarrollo profesional.
c) Definir las prioridades en materia de formación de los profesionales de las diferentes unidades asistenciales.
d) La coordinación general y evaluación de los objetivos anuales de cada una de las unidades de gestión clínica.

30. Según determina el Decreto 197/2007, es competencia de la Dirección de Cuidados de Enfermería del Distrito de atención primaria:

a) La gestión de los planes de prevención de riesgos laborales en el ámbito del distrito de atención primaria.

b) Establecer los mecanismos necesarios para asegurar la continuidad de la atención en cuidados de enfermería.

c) Sustituir a la persona titular de la Dirección Gerencia del distrito de atención primaria, en caso de vacante, ausencia o enfermedad.

d) La implantación de la gestión de los procesos asistenciales.

31. Según determina el Decreto 197/2007, es competencia de la Dirección de Gestión Económica y Desarrollo profesional del Distrito de atención primaria:

a) La superior dirección y gestión de personal y de los recursos económico-financieros asignados al distrito de atención primaria.

b) La coordinación general y evaluación de los objetivos anuales de cada una de las unidades de gestión clínica.

c) La gestión de las adquisiciones de bienes y servicios y de la logística del distrito de atención primaria.

d) Convocar y presidir las reuniones de la Comisión de Dirección.

32. En el ámbito del Dispositivo de apoyo de atención primaria de Andalucía, la salud pública es competencia:

a) Del Servicio de Salud Pública.

b) De la Unidad de Gestión de Salud Pública.

c) Del Servicio de Medicina Preventiva y Salud Pública.

d) De la Unidad de Gestión Clínica de Protección de la salud.

33. En el ámbito del Sistema Sanitario Público de Andalucía, la demarcación territorial que permite la gestión unitaria pública de los recursos de un Área hospitalaria y los correspondientes Distritos de Atención primaria adscritos a aquélla se denomina:

a) Unidad de gestión clínica.

b) Dispositivo de apoyo.

c) Distrito sanitario.

d) Área de Gestión Sanitaria.

34. El órgano de participación en las Áreas de Gestión Sanitaria es:

a) El Consejo de Salud.

b) El Consejo Asesor.

c) La Comisión Consultiva.

d) La Comisión de dirección.

35. En las Áreas de Gestión Sanitaria la Comisión de Directores de Unidades de Gestión Clínica es un órgano:

a) De asesoramiento.
b) De gestión.
c) De dirección.
d De participación

36. El dispositivo básico de atención especializada a la salud mental es:

a) El hospital de día de salud mental.
b) La comunidad terapéutica de salud mental.
c) La unidad de gestión clínica de salud mental.
d) La unidad de salud mental comunitaria.

37. El dispositivo asistencial de salud mental destinado a atender las necesidades de hospitalización en salud mental de la población correspondiente a su área hospitalaria de referencia o área de gestión sanitaria es:

a) La unidad de gestión clínica de salud mental.
b) La planta de psiquiatría del hospital.
c) La unidad de hospitalización de salud mental.
d) El hospital de día de salud mental.

38. El dispositivo asistencial de salud mental destinado a desarrollar programas especializados para la atención a la salud mental de la población adolescente menor de edad del área hospitalaria de referencia es:

a) La comunidad terapéutica de salud mental.
b) La unidad de salud mental para la adolescencia.
c) La unidad de salud mental comunitaria.
d) La unidad de salud mental infanto-juvenil.

39. El dispositivo asistencial de salud mental que tiene por objeto la recuperación de habilidades sociales y la reinserción social y laboral, en régimen ambulatorio, de pacientes con trastorno mental grave del área hospitalaria de referencia o del área de gestión sanitaria correspondiente es:

a) El hospital de día de salud mental.
b) La comunidad terapéutica de salud mental.
c) La unidad de rehabilitación de salud mental.
d) La unidad de salud mental comunitaria.

40. El dispositivo asistencial de salud mental de hospitalización parcial que se configura como recurso intermedio entre la unidad de salud mental comunitaria y la unidad de hospitalización de salud mental es:

a) El hospital de día de salud mental.
b) La unidad de salud mental ambulatoria de salud mental.

c) La unidad de salud mental comunitaria.
d) La comunidad terapéutica de salud mental.

41. La superior dirección de la Red Andaluza de Medicina Transfusional, Tejidos y Células de la Comunidad Autónoma de Andalucía le corresponde:

a) Al Consejo General.
b) A la Gerencia de la Red.
c) A la Comisión de dirección.
d) A la Dirección Gerencia.

42. La Red Andaluza de Medicina Transfusional, Tejidos y Células se organiza en:

a) Nodos del Biobanco en red del SSPA.
b) Centros Regionales de Transfusión Sanguínea, Tejidos y Células
c) Centros de Transfusión, Tejidos y Células.
d) Las respuestas a) y c) son correctas.

43. El establecimiento sin ánimo de lucro que acoge una colección de muestras biológicas concebida con fines diagnósticos o de investigación biomédica y organizada como una unidad técnica con criterios de calidad, orden y destino es el:

a) Centro de investigación.
b) Banco nacional.
c) Biobanco.
d) Registro de Biobancos.

44. El órgano de gobierno colegiado del Biobanco del Sistema Sanitario Público de Andalucía al que le corresponden las funciones de dirección, control y supervisión general del mismo es:

a) El Comité científico.
b) El Consejo rector.
c) El Consejo de dirección.
d) La Comisión de dirección.

45. De acuerdo con lo que dispone la Ley 14/2007, de 3 de julio, el Biobanco del Sistema Sanitario Público de Andalucía está adscrito a un comité ético externo, que es:

a) El Comité de bioética de España.
b) El Comité de bioética de Andalucía.
c) El Comité Coordinador de Ética de la Investigación Biomédica de Andalucía.
d) La Sociedad Andaluza de Bioética.

46. El Biobanco del Sistema Sanitario Público de Andalucía, en su área de tejidos, sustancias y muestras biológicas para investigación, está estructurado en:

a) Plataformas provinciales.
b) Instituciones sanitarias.

c) Nodos.
d) Centros intermodales.

47. ¿Qué tipo de instituciones con Biobancos conforman mayoritariamente la Red Nacional de Biobancos?

a) Centros hospitalarios del Sistema Nacional de Salud.
b) Centros hospitalarios privados.
c) Redes de Biobancos territoriales.
d) Centros asociados público/privados.

48. ¿Qué norma jurídica crea el Biobanco del Sistema Sanitario Público de Andalucía?

a) Decreto 1/2013.
b) Real Decreto 1716/2011.
c) Real Decreto 1720/2007.
d) Ley 41/2002.

49. Según establece el artículo 5 del RD 1716/2011, para la concesión de la autorización de funcionamiento de un Biobanco éste debe:

a) Constituir un comité de ética propio.
b) Constituir un comité de ética externo.
c) Estar adscrito a dos comités externos, uno científico y otro de ética.
d) Disponer de dos comités, uno científico y otro de ética.

50. ¿Quién está autorizado a acceder a la información disponible en el Registro de Biobancos de Andalucía?

a) Sólo las personas jurídicas.
b) Sólo los organismos relacionados con las ciencias de la salud.
c) Cualquiera.
d) Quien acredite un interés legítimo.

En MADTEST tienes **más preguntas de este tema**, y todos tus avances quedan registrados y se reflejan en el ranking.

¡Supera tus límites con MADTEST!

Solución al test n.º 4

1. b) Decreto 168/2025, de 5 de noviembre.

2. c) La creación de las áreas de salud, así como la aprobación y modificación de sus límites territoriales.

3. c) La prestación de asistencia sanitaria en los centros y servicios sanitarios del Servicio Andaluz de Salud.

4. d) A la Secretaría General de Innovación, Investigación y Salud Digital

5. a) El Delegado territorial de la Consejería Sanidad, Presidencia y Emergencias es nombrado y separado mediante Decreto del Consejo de Gobierno, a propuesta de la persona titular de la Presidencia de la Junta de Andalucía.

6. d) La Secretaría General Técnica de Sanidad y Consumo.

7. b) La Dirección General de Salud Pública y Ordenación Farmacéutica.

8. a) La definición, en coordinación con la Consejería competente en materia de políticas sociales, de un catálogo de centros sociosanitarios.

9. d) Todas las respuestas anteriores son correctas.

10. b) El Consejero de Salud (Sanidad, Presidencia y Emergencias).

11. d) Distrito de Atención Primaria y Área hospitalaria.

12. c) El Consejo de Administración.

13. d) El Director de Servicios Generales.

14. a) Hospitales.

15. b) El Área hospitalaria.

16. d) Asegurar la relación del Hospital con la Red Sanitaria de la Comunidad.

17. a) Al menos una vez al mes.

18. a) La Comisión de Dirección se reunirá en sesión ordinaria al menos una vez al trimestre, y siempre que lo estime necesario el Director-Gerente.

19. d) El Decreto 197/2007, de 3 de julio.

20. c) Consultorios locales.

21. d) Dirección de Unidades de Gestión Clínica.

22. d) Evaluar, desde el punto de vista de la calidad, efectividad y eficiencia, los procesos, servicios, prestaciones y actividades asistenciales, así como garantizar la accesibilidad y la continuidad asistencial.

23. b) Mensual.

24. d) Comisión de Dirección.

25. b) Cuatro años, si bien podrá ser renovado sucesivamente por iguales periodos.

26. d) Todos los anteriores.

27. d) De internamiento.

28. b) Dirección de Gestión Económica y de Desarrollo Profesional.

29. a) La superior dirección y gestión de personal y de los recursos económico-financieros asignados al distrito de atención primaria.

30. b) Establecer los mecanismos necesarios para asegurar la continuidad de la atención en cuidados de enfermería.

31. c) La gestión de las adquisiciones de bienes y servicios y de la logística del distrito de atención primaria.

32. b) De la Unidad de Gestión de Salud Pública.

33. d) Área de Gestión Sanitaria.

34. c) La Comisión Consultiva.

35. a) De asesoramiento.

36. d) La unidad de salud mental comunitaria.

37. c) La unidad de hospitalización de salud mental.

38. d) La unidad de salud mental infanto-juvenil.

39. c) La unidad de rehabilitación de salud mental.

40. a) El hospital de día de salud mental.

41. b) A la Gerencia de la Red.

42. d) Las respuestas a) y c) son correctas.

43. c) Biobanco.

44. b) El Consejo rector.

45. c) El Comité Coordinador de Ética de la Investigación Biomédica de Andalucía.

46. c) Nodos.

47. a) Centros hospitalarios del Sistema Nacional de Salud.

48. a) Decreto 1/2013.

49. c) Estar adscrito a dos comités externos, uno científico y otro de ética.

50. d) Quien acredite un interés legítimo.

TEST N.º 5

Ley Orgánica 3/2018, de 5 de diciembre, de Protección de Datos Personales y garantía de los derechos digitales: disposiciones generales; principios de protección de datos; derechos de las personas. Ley 1/2014, de 24 de junio, de Transparencia Pública de Andalucía: principios básicos; derechos y obligaciones; la publicidad activa; el derecho de acceso a la información pública; el fomento de la transparencia

1. ¿Qué artículo de la Carta Magna ampara el derecho fundamental de las personas físicas a la protección de datos personales?

a) El artículo 15.2.
b) El artículo 18.3.
c) El artículo 18.4.
d) El artículo 21.1.

2. En caso de fallecimiento de menores, las facultades de acceso a los datos, rectificación o supresión de los mismos, podrán ejercerse, además de por sus representantes legales, por:

a) El Juzgado de Guardia.
b) El Juez de Menores.
c) El Ministerio Fiscal.
d) Las Comunidades Autónomas con competencias sobre protección de menores.

3. El tratamiento de los datos personales de un menor de edad únicamente podrá fundarse en su consentimiento cuando sea:

a) Mayor de 12 años.
b) Mayor de 15 años.
c) Mayor de 14 años.
d) Mayor de 13 años.

4. Conforme al artículo 5.1.d) del Reglamento (UE) 2016/679 los datos serán:

a) Aproximados y, si fuere necesario, actualizados.
b) Aproximados y, en ningún caso, actualizados.
c) Exactos y, en ningún caso, actualizados.
d) Exactos y, si fuere necesario, actualizados.

5. El deber de confidencialidad y de secreto profesional de los responsables y encargados del tratamiento de datos:

a) Se mantendrán hasta diez años después de que finalice la relación del obligado con el responsable o encargado del tratamiento.
b) Se mantendrán hasta que finalice la relación del obligado con el responsable o encargado del tratamiento.
c) Se mantendrán aun cuando hubiese finalizado la relación del obligado con el responsable o encargado del tratamiento.
d) Se mantendrán hasta un año después de que finalice la relación del obligado con el responsable o encargado del tratamiento.

6. Los tratamientos de datos contemplados en las letras g), h) e i) del artículo 9.2 del Reglamento (UE) 2016/679 fundados en el Derecho español deberán estar amparados en una norma con rango de ley, que podrá establecer requisitos adicionales relativos a:

a) Su difusión y registro.
b) Su conservación y difusión.
c) Su confidencialidad y custodia.
d) Su seguridad y confidencialidad.

7. A los efectos del artículo 9.2.a) del Reglamento (UE) 2016/679, a fin de evitar situaciones discriminatorias, el solo consentimiento del afectado no bastará para levantar la prohibición del tratamiento de datos cuya finalidad principal sea identificar su:

a) Cultura.
b) Orígenes.
c) Religión.
d) Fe.

8. Señala la respuesta incorrecta respecto al ejercicio de los derechos:

a) El encargado podrá tramitar, por cuenta del responsable, las solicitudes de ejercicio formuladas por los afectados de sus derechos si así se estableciere en el contrato o acto jurídico que les vincule.
b) Los derechos reconocidos en los artículos 15 a 22 del Reglamento (UE) 2016/679, únicamente podrán ejercerse directamente.

c) La prueba del cumplimiento del deber de responder a la solicitud de ejercicio de sus derechos formulado por el afectado recaerá sobre el responsable.

d) El responsable del tratamiento estará obligado a informar al afectado sobre los medios a su disposición para ejercer los derechos que le corresponden.

9. Cuando la supresión derive del ejercicio del derecho de oposición con arreglo al artículo 21.2 del Reglamento (UE) 2016/679:

a) El responsable podrá conservar los datos identificativos del afectado necesarios con el fin de facilitar tratamientos futuros para fines de mercadotecnia directa o indirecta.

b) El responsable no podrá conservar los datos identificativos del afectado necesarios con el fin de impedir tratamientos futuros para fines de mercadotecnia directa o indirecta.

c) El responsable podrá conservar los datos identificativos del afectado necesarios con el fin de impedir tratamientos futuros para fines de mercadotecnia directa.

d) El responsable no podrá conservar los datos identificativos del afectado necesarios con el fin de impedir tratamientos futuros para fines de mercadotecnia directa.

10. A tenor del artículo 12.3 de la Ley Orgánica 3/2018, de 5 de diciembre, el encargado:

a) Podrá tramitar, por cuenta del responsable, las solicitudes de ejercicio formuladas por los afectados de sus derechos si así se estableciere en el contrato o acto jurídico que les vincule.

b) Podrá tramitar, por cuenta del responsable, las solicitudes de ejercicio formuladas por los afectados de sus derechos solo si así se estableciere en el contrato que les vincule.

c) Podrá tramitar, por cuenta del responsable, las solicitudes de ejercicio formuladas por los afectados de sus derechos solo si así se estableciere en el acto jurídico que les vincule.

d) No podrá tramitar, por cuenta del responsable, las solicitudes de ejercicio formuladas por los afectados de sus derechos.

11. La Ley Orgánica 3/2018, de 5 de diciembre, de Protección de Datos Personales y garantía de los derechos digitales, no será de aplicación a los tratamientos sometidos a la normativa sobre protección de materias:

a) Secretas.
b) Prohibidas.
c) Privadas.
d) Clasificadas.

12. Los tratamientos a los que no sea directamente aplicable el Reglamento (UE) 2016/679 por afectar a actividades no comprendidas en el ámbito de aplicación del Derecho de la Unión Europea, se regirán por lo dispuesto en:

a) La Ley Orgánica 3/2018, de 5 de diciembre y supletoriamente por lo establecido en el citado reglamento y su legislación específica si la hubiere.

b) Lo establecido en el citado reglamento y supletoriamente por la Ley Orgánica 3/2018, de 5 de diciembre y su legislación específica si la hubiere.

c) Su legislación específica si la hubiere y supletoriamente por lo establecido en el citado reglamento y en la Ley Orgánica 3/2018, de 5 de diciembre.

d) Lo establecido en el citado reglamento y en la Ley Orgánica 3/2018, de 5 de diciembre y supletoriamente por su legislación específica si la hubiere.

13. El artículo 10 de la Ley Orgánica 3/2018, de 5 de diciembre, de Protección de Datos Personales y garantía de los derechos digitales, regula el tratamiento de datos de naturaleza penal, disponiendo en su apartado tercero que fuera de los supuestos señalados en los apartados anteriores, los tratamientos de datos referidos a condenas e infracciones penales, así como a procedimientos y medidas cautelares y de seguridad conexas solo serán posibles cuando sean llevados a cabo por:

a) Jueces y fiscales.

b) Los Juzgados de lo Penal.

c) Abogados y procuradores.

d) Jueces y abogados.

14. El registro completo de los datos referidos a condenas e infracciones penales podrá realizarse conforme con lo establecido en la regulación de:

a) El Derecho Comunitario.

b) El Sistema de registros administrativos de apoyo a la Administración de Justicia.

c) Los sistemas de información del responsable.

d) Los derechos relacionados con las decisiones individuales automatizadas.

15. Señala la afirmación incorrecta:

a) Cuando se pretenda fundar el tratamiento de los datos en el consentimiento del afectado para una pluralidad de finalidades será preciso que conste de manera específica e inequívoca que dicho consentimiento se otorga para todas ellas.

b) Los responsables y encargados del tratamiento de datos, así como todas las personas que intervengan en cualquier fase de este estarán sujetas al deber de confidencialidad al que se refiere el artículo 5.1.f) del Reglamento (UE) 2016/679.

c) El tratamiento de datos personales relativos a condenas e infracciones penales, así como a procedimientos y medidas cautelares y de seguridad conexas, para fines distintos de los de prevención, investigación, detección o enjuiciamiento de infracciones penales o de ejecución de sanciones penales, solo podrá llevarse a cabo cuando se encuentre amparado en una norma con rango de ley orgánica.

d) El deber de secreto profesional se mantendrán aun cuando hubiese finalizado la relación del obligado con el responsable o encargado del tratamiento.

16. Los derechos de acceso, rectificación, cancelación, oposición o cualesquiera otros que pudieran corresponderles en el contexto de la presente Ley Orgánica de Protección de Datos Personales y garantía de los derechos digitales podrán ser ejercitados por los titulares de la patria potestad en nombre y representación de los menores de:

a) 18 años.
b) 16 años.
c) 15 años.
d) 14 años.

17. A los efectos establecidos en el artículo 12.5 del Reglamento (UE) 2016/679 se podrá considerar repetitivo el ejercicio del derecho de acceso en más de una ocasión durante el plazo de:

a) Un mes, a menos que exista causa legítima para ello.
b) Tres meses, a menos que exista causa legítima para ello.
c) Cuatro meses, a menos que exista causa legítima para ello.
d) Seis meses, a menos que exista causa legítima para ello.

18. ¿Qué derecho ha venido a sustituir y ampliar el derecho de cancelación de la LO 15/1999, de 5 de diciembre, de protección de datos personales?

a) El derecho de rectificación.
b) El derecho de supresión.
c) El derecho de anulación.
d) El derecho al borrado de datos.

19. El responsable del tratamiento facilitará al interesado información relativa a sus actuaciones sobre la base de una solicitud con arreglo a los derechos que desarrollaremos seguidamente, y, en cualquier caso, sin dilación indebida, en el plazo de:

a) Tres meses a partir de la recepción de la solicitud.
b) Un mes a partir de la recepción de la solicitud.
c) Veinte días a partir de la recepción de la solicitud.
d) Diez días a partir de la recepción de la solicitud.

20. Respecto a las condiciones aplicables al consentimiento del niño en relación con los servicios de la sociedad de la información, los Estados miembros podrán establecer por ley una edad inferior a tales fines, siempre que esta no sea inferior a:

a) 13 años.
b) 12 años.
c) 11 años.
d) 10 años.

21. Los datos personales serán exactos y, si fuera necesario, actualizados y se adoptarán todas las medidas razonables para que se supriman o rectifiquen sin dilación los datos personales que sean inexactos con respecto a los fines para los que se tratan. Este principio es denominado por el Reglamento (UE) 2016/679, como principio de:

a) Limitación de la finalidad.
b) Integridad y confidencialidad.
c) Exactitud.
d) Minimización de datos.

22. Cuando el tratamiento se base en el consentimiento del interesado, el responsable deberá ser capaz de demostrar que aquel consintió el tratamiento de sus datos personales. Si el consentimiento del interesado se da en el contexto de una declaración escrita que también se refiera a otros asuntos, la solicitud de consentimiento se presentará de tal forma que se distinga claramente de los demás asuntos, de forma inteligible y de fácil acceso y utilizando un lenguaje:

a) Formal pero sencillo.
b) Legible y de fácil comprensión.
c) Claro y sencillo.
d) De fácil comprensión y claro.

23. Los datos personales serán tratados de manera:

a) Objetiva, real y transparente en relación con el interesado.
b) Privada, legal y transparente en relación con el interesado.
c) Pública, lícita y real.
d) Lícita, leal y transparente en relación con el interesado.

24. De conformidad con el artículo 89, apartado 1 del Reglamento (UE) 2016/679, los datos personales podrán conservarse durante períodos más largos siempre que se traten exclusivamente con fines de:

a) Archivo en interés público o privado.
b) Investigación científica o técnica.
c) Estadísticos.
d) Seguridad interior.

25. ¿Cuándo facilitará el responsable del tratamiento la información necesaria para garantizar un tratamiento de datos leal y transparente respecto del interesado cuando esté previsto comunicarlos a otro destinatario?

a) A más tardar en el momento en que los datos personales sean comunicados por primera vez.
b) A más tardar en las veinticuatro horas después de que los datos personales sean comunicados por primera vez.

c) A más tardar en las cuarenta y ocho horas después de que los datos personales sean comunicados por primera vez.

d) Lo antes posible.

26. El RGPD lo define como la persona física o jurídica, autoridad pública, servicio u otro organismo que trate datos personales por cuenta del responsable del tratamiento:

a) El Delegado.

b) El Encargado.

c) El Representante.

d) El Tratante.

27. Según el artículo 3 de la LO 3/2018, los requisitos y condiciones para acreditar la validez y vigencia de los mandatos e instrucciones de las personas fallecidas respecto al acceso a los datos personales de estas por parte de las personas o instituciones que designaran expresamente, serán establecidos:

a) Por medio de una Directiva europea.

b) Por Ley estatal.

c) Por Ley autonómica.

d) Por Real Decreto.

28. El artículo 4 de la LO 3/2018 señala que, conforme al artículo 5.1.d) del Reglamento (UE) 2016/679, los datos serán exactos y, si fuere necesario:

a) Actualizados.

b) Aproximados.

c) Normalizados.

d) Digitalizados.

29. Conforme a los artículos 4.11 del RGPD y 6.1 de la LO 3/2018, se entiende por consentimiento del afectado la aceptación, ya sea mediante una declaración o una clara acción afirmativa, del tratamiento de datos personales que le conciernen manifestada por voluntad libre, de forma específica, informada e/y:

a) Detallada.

b) Unitaria.

c) Inequívoca.

d) Por escrito.

30. Según el artículo 8.1 de la LO 3/2018, el tratamiento de datos personales solo podrá considerarse fundado en el cumplimiento de una obligación legal exigible al responsable:

a) Cuando así lo prevea una norma de Derecho de la Unión Europea o una norma con rango de ley.

b) Cuando el tratamiento se considere una misión realizada en interés público.

c) Cuando se trate del ejercicio de poderes públicos conferidos al responsable.

d) Cuando el responsable sea un órgano u organismo público.

31. ¿En virtud de qué principio proclamado por la Ley 1/2014, de 24 de junio, de transparencia pública de Andalucía, se proporcionará información estructurada sobre los documentos y recursos de información con vistas a facilitar la identificación y búsqueda de la información?

a) Principio de veracidad.
b) Principio de accesibilidad.
c) Principio de utilidad.
d) Principio de facilidad y comprensión.

32. Conforme al artículo 7 de la Ley 1/2014, de 24 de junio, de transparencia pública de Andalucía, el derecho a la publicidad activa consiste en el derecho de cualquier persona a que los poderes públicos publiquen la información veraz cuyo conocimiento sea relevante para garantizar la transparencia de su actividad, de forma periódica y:

a) Actualizada.
b) Abierta.
c) Comprensiva.
d) Efectiva.

33. Las personas que accedan a información pública en aplicación de lo dispuesto en la Ley 1/2014, de 24 de junio, de transparencia pública de Andalucía estarán sometidas al cumplimiento de la obligación de ejercer su derecho con respeto a los principios de buena fe y/e:

a) Confidencialidad.
b) Interés personal.
c) Interdicción del abuso de derecho.
d) Protección de datos de carácter personal.

34. Toda la información pública señalada en el título II de la Ley 1/2014, de 24 de junio, de transparencia pública de Andalucía se publicará y actualizará, con carácter general:

a) Semanalmente.
b) Mensualmente.
c) Trimestralmente.
d) Semestralmente.

35. Conforme al artículo 12 de la Ley 1/2014, de 24 de junio, de transparencia pública de Andalucía, las administraciones públicas, las sociedades mercantiles y las fundaciones públicas andaluzas publicarán los planes y programas anuales y plurianuales en los que se fijen objetivos concretos, así como las actividades, medios y tiempo previsto para su consecución, tan pronto sean aprobados y, en todo caso, en el plazo máximo de:

a) 10 días.
b) 20 días.

c) 1 mes.
d) 3 meses.

36. ¿Cuándo deben publicarse los anteproyectos de ley según la Ley 1/2014, de 24 de junio, de transparencia pública de Andalucía?

a) Una vez aprobados por el Parlamento de Andalucía.
b) Cuando se soliciten los dictámenes del Consejo Económico y Social y del Consejo Consultivo.
c) Cuando se remitan a la Consejería competente.
d) Solo tras su publicación en el BOJA.

37. ¿Cuál de las siguientes afirmaciones es correcta según la Ley 1/2014, de 24 de junio, de transparencia pública de Andalucía?

a) La falta de motivación en una solicitud de acceso justifica su rechazo.
b) Las entidades públicas no están obligadas a ayudar a las personas solicitantes.
c) La imposibilidad de pagar tasas no puede ser causa para denegar el acceso a la información.
d) El plazo de resolución puede prorrogarse indefinidamente por motivos técnicos.

38. Según el artículo 14 de la Ley 1/2014, de 24 de junio, de transparencia pública de Andalucía, las cartas de servicios deben contener información sobre:

a) Las normas aprobadas por el Parlamento.
b) La calidad y grado de cumplimiento de los servicios públicos.
c) Las cuentas anuales de la entidad.
d) La relación de subvenciones.

39. ¿Qué tratamiento reciben las sesiones plenarias de las entidades locales según la Ley 1/2014, de 24 de junio, de transparencia pública de Andalucía?

a) Deben celebrarse siempre a puerta cerrada.
b) Se prohíbe grabarlas por parte de particulares.
c) Solo se publican sus actas resumidas.
d) Se debe facilitar su acceso por Internet o mediante grabación audiovisual.

40. Según lo previsto en el artículo 18 de la Ley 19/2013, de 9 de diciembre, de transparencia, acceso a la información pública y buen gobierno, se inadmitirán a trámite, mediante resolución motivada, las solicitudes de acceso a la información:

a) Relativas a los intereses económicos y turísticos.
b) Relativas a la garantía de la confidencialidad o el secreto requerido en procesos de toma de decisión.
c) Relativas a información para cuya divulgación sea necesaria una acción previa de reelaboración.
d) Relativas a infraestructuras críticas.

41. El acceso a la información pública requiere:

a) Solicitud previa.
b) Acreditación de la condición de interesado.
c) Motivación expresa.
d) La utilización de medios telemáticos.

42. El derecho al uso de la información obtenida, consiste en el derecho a utilizar tal información:

a) Sin ningún tipo de limitación.
b) Previa autorización.
c) Sin necesidad de autorización previa y sin ningún tipo de limitación.
d) Sin necesidad de autorización previa y sin más limitaciones de las que deriven de las leyes.

43. El uso de documentos que obran en poder de las Administraciones y organismos del sector público, por personas físicas o jurídicas, con fines comerciales o no comerciales, siempre que dicho uso no constituya una actividad administrativa pública, constituye lo que se llama:

a) Reutilización.
b) Publicidad activa.
c) Redistribución.
d) Aprovechamiento.

44. En el ámbito de la Administración de la Junta de Andalucía y sus entidades instrumentales, el plazo máximo para dictar y notificar la resolución de una solicitud de acceso a la información pública será de:

a) 20 días hábiles desde la recepción de la solicitud por el órgano competente para resolver, prorrogables por igual período en el caso de que el volumen o la complejidad de la información solicitada lo requiera.
b) 20 días hábiles desde la recepción de la solicitud por el órgano competente para resolver, no prorrogables.
c) 20 días naturales desde la recepción de la solicitud por el órgano competente para resolver, prorrogables por igual período en el caso de que el volumen o la complejidad de la información solicitada lo requiera.
d) 20 días naturales desde la recepción de la solicitud por el órgano competente para resolver, no prorrogables.

45. Podrá interponerse reclamación ante el Consejo de Transparencia y la Protección de Datos de Andalucía, con carácter potestativo y previo a su impugnación en vía contencioso-administrativa, frente a las resoluciones referentes al derecho de acceso a la información pública dictadas por:

a) El Parlamento de Andalucía.
b) El Consejo de Gobierno.

c) El Defensor del Pueblo Andaluz.
d) El Consejo Audiovisual de Andalucía.

46. La persona que ejerza la Dirección del Consejo de Transparencia y Protección de Datos de Andalucía será nombrada por el Consejo de Gobierno por un periodo de:

a) 3 años.
b) 4 años.
c) 5 años.
d) 6 años.

47. La designación de la persona que ejerza la Dirección del Consejo de Transparencia y Protección de Datos de Andalucía corresponde al Parlamento de Andalucía, por mayoría absoluta, y deberá recaer en una persona de reconocido prestigio y competencia profesional con una experiencia mínima en materias relacionadas con la administración pública, de:

a) 5 años.
b) 10 años.
c) 7 años.
d) 15 años.

48. La Comisión Consultiva del Consejo de Transparencia y Protección de Datos de Andalucía estará compuesta por la persona que ejerza la Dirección del Consejo y:

a) 8 miembros.
b) 10 miembros.
c) 12 miembros.
d) 14 miembros.

49. En materia de transparencia y protección de datos, la Comisión Consultiva de la Transparencia y la Protección de Datos, se constituye como órgano de consulta y:

a) Participación.
b) Dirección.
c) Registro.
d) Gestión.

50. Según el artículo 43 de la Ley 1/2014, de 24 de junio de Transparencia Pública de Andalucía, se crea el Consejo de Transparencia y Protección de Datos de Andalucía, como:

a) Autoridad independiente de control en materia de protección de datos y de transparencia en la Comunidad Autónoma de Andalucía.
b) Autoridad en materia de protección de datos y de transparencia en la Comunidad Autónoma de Andalucía. Su relación con la Administración de la Junta de Andalucía se llevará a cabo a través de la Consejería de Hacienda.

c) Autoridad en materia de protección de datos y de transparencia en la Comunidad Autónoma de Andalucía dependiente de la Consejería de Presidencia.

d) Autoridad que ejercerá sus funciones con objetividad, profesionalidad, sometimiento al ordenamiento jurídico y plena dependencia de las administraciones públicas en el ejercicio de las mismas.

En MADTEST tienes **más preguntas de este tema**, y todos tus avances quedan registrados y se reflejan en el ranking.

¡Supera tus límites con MADTEST!

Solución al test n.º 5

1. c) El artículo 18.4.

2. c) El Ministerio Fiscal.

3. c) Mayor de 14 años.

4. d) Exactos y, si fuere necesario, actualizados.

5. c) Se mantendrán aun cuando hubiese finalizado la relación del obligado con el responsable o encargado del tratamiento.

6. d) Su seguridad y confidencialidad.

7. c) Religión.

8. b) Los derechos reconocidos en los artículos 15 a 22 del Reglamento (UE) 2016/679, únicamente podrán ejercerse directamente.

9. c) El responsable podrá conservar los datos identificativos del afectado necesarios con el fin de impedir tratamientos futuros para fines de mercadotecnia directa.

10. a) Podrá tramitar, por cuenta del responsable, las solicitudes de ejercicio formuladas por los afectados de sus derechos si así se estableciere en el contrato o acto jurídico que les vincule.

11. d) Clasificadas.

12. c) Su legislación específica si la hubiere y supletoriamente por lo establecido en el citado reglamento y en la Ley Orgánica 3/2018, de 5 de diciembre.

13. c) Abogados y procuradores.

14. b) El Sistema de registros administrativos de apoyo a la Administración de Justicia.

15. c) El tratamiento de datos personales relativos a condenas e infracciones penales, así como a procedimientos y medidas cautelares y de seguridad conexas, para fines distintos de los de prevención, investigación, detección o enjuiciamiento de infracciones penales o de ejecución de sanciones penales, solo podrá llevarse a cabo cuando se encuentre amparado en una norma con rango de ley orgánica.

16. d) 14 años.

17. d) Seis meses, a menos que exista causa legítima para ello.

18. b) El derecho de supresión.

19. b) Un mes a partir de la recepción de la solicitud.

20. a) 13 años.

21. c) Exactitud.

22. c) Claro y sencillo.

23. d) Lícita, leal y transparente en relación con el interesado.

24. c) Estadísticos.

25. a) A más tardar en el momento en que los datos personales sean comunicados por primera vez.

26. b) El Encargado.

27. d) Por Real Decreto.

28. a) Actualizados.

29. c) Inequívoca.

30. a) Cuando así lo prevea una norma de Derecho de la Unión Europea o una norma con rango de ley.

31. b) Principio de accesibilidad.

32. a) Actualizada.

33. c) Interdicción del abuso de derecho.

34. c) Trimestralmente.

35. b) 20 días.

36. b) Cuando se soliciten los dictámenes del Consejo Económico y Social y del Consejo Consultivo.

37. c) La imposibilidad de pagar tasas no puede ser causa para denegar el acceso a la información.

38. b) La calidad y grado de cumplimiento de los servicios públicos.

39. d) Se debe facilitar su acceso por Internet o mediante grabación audiovisual.

40. c) Relativas a información para cuya divulgación sea necesaria una acción previa de reelaboración.

41. a) Solicitud previa.

42. d) Sin necesidad de autorización previa y sin más limitaciones de las que deriven de las leyes.

43. a) Reutilización.

44. a) 20 días hábiles desde la recepción de la solicitud por el órgano competente para resolver, prorrogables por igual período en el caso de que el volumen o la complejidad de la información solicitada lo requiera.

45. b) El Consejo de Gobierno.

46. c) 5 años.

47. d) 15 años.

48. d) 14 miembros.

49. a) Participación.

50. a) Autoridad independiente de control en materia de protección de datos y de transparencia en la Comunidad Autónoma de Andalucía.

TEST N.º 6

Prevención de Riesgos Laborales. Ley 31/1995, de 8 de noviembre, de Prevención de Riesgos Laborales: derechos y obligaciones; consulta y participación de los trabajadores. Organización de la prevención de riesgos laborales en el Servicio Andaluz de Salud: las Unidades de Prevención en los Centros Asistenciales del Servicio Andaluz de Salud

1. De acuerdo con lo establecido en la normativa reguladora de la prevención de riesgos laborales, ¿cuál de los siguientes NO es un principio de la acción preventiva?

a) Evaluar los riesgos que no se puedan evitar.
b) Adoptar medidas que antepongan la protección individual a la colectiva.
c) Evitar los riesgos como primera medida.
d) Combatir los riesgos en su origen.

2. ¿Cuál es la actual Ley de Prevención de Riesgos Laborales?

a) La Ley 31/1995, de 8 de noviembre.
b) La Ley 35/1995, de 8 de noviembre.
c) La Ley 40/1997, de 12 de abril.
d) La Ley 45/2000, de 1 de octubre.

3. ¿Qué Real Decreto establece las disposiciones mínimas de seguridad y salud relativas a la utilización por los trabajadores de equipos de protección individual?

a) El Real Decreto 773/1997, de 30 de mayo.
b) El Real Decreto 1215/1997, de 12 de julio.
c) El Real Decreto 171/2004, de 30 de enero.
d) El Real Decreto 886/1988, de 15 de julio.

4. Los servicios de prevención podrán ser:

a) Públicos o privados.
b) Simples o complejos.
c) Propios o ajenos.
d) Públicos, privados o concertados.

5. ¿Quiénes son los representantes de los trabajadores con funciones específicas en materia de prevención de riesgos en el trabajo?

a) Los Delegados Laborales.
b) Los Delegados Sindicales.
c) Los Delegados de Salud Laboral.
d) Los Delegados de Prevención.

6. El Estatuto de los Trabajadores en relación al trabajo de menores dispone que:

a) La intervención de los menores de dieciocho años en espectáculos públicos solo se autorizará en casos excepcionales por la autoridad laboral, siempre que no suponga peligro para su salud física ni para su formación profesional y humana; el permiso deberá constar por escrito y para actos determinados.
b) Se prohíbe realizar horas extraordinarias a los menores de dieciocho años.
c) Se prohíbe la admisión al trabajo a los menores de dieciocho años.
d) Todas las respuestas son correctas.

7. ¿Cómo define la Ley 31/1995, de 8 de noviembre, de Prevención de Riesgos Laborales, al conjunto de actividades o medidas adoptadas o previstas en todas las fases de actividad de la empresa con el fin de evitar o disminuir los riesgos derivados del trabajo?

a) Protección.
b) Prevención.
c) Medidas de seguridad.
d) Anticipación.

8. Señala la respuesta incorrecta respecto al Plan de prevención de riesgos laborales:

a) El Plan de prevención de riesgos laborales deberá ser asumido por toda su estructura organizativa, en particular por todos sus niveles jerárquicos.
b) El Plan de prevención de riesgos laborales debe ser aprobado por los representantes de los trabajadores.
c) El Plan de prevención de riesgos laborales deberá ser conocido por todos sus trabajadores.
d) El Plan de prevención de riesgos laborales habrá de reflejarse en un documento que se conservará a disposición de la autoridad laboral, de las autoridades sanitarias y de los representantes de los trabajadores.

9. En las relaciones de trabajo a través de empresas de trabajo temporal quién será responsable de las condiciones de ejecución del trabajo en todo lo relacionado con la protección de la seguridad y la salud de los trabajadores:

a) La empresa usuaria.
b) Los representantes de los trabajadores.
c) La empresa de trabajo temporal.
d) La Administración pública.

10. Respecto a la pregunta anterior, ¿en qué plazo la autoridad laboral anulará o ratificará la paralización acordada por los representantes legales de los trabajadores?

a) De inmediato.
b) En el plazo de 24 horas.
c) En el plazo de 48 horas.
d) En el plazo de 72 horas.

11. ¿Cómo se denomina la herramienta a través de la cual se integra la actividad preventiva de la empresa en su sistema general de gestión y se establece su política de prevención de riesgos laborales?

a) Dispositivo Laboral de Prevención.
b) Plan contra la siniestralidad laboral.
c) Plan de prevención de riesgos laborales.
d) Acuerdo Laboral de lucha contra la Accidentalidad.

12. ¿Cómo define la Ley 31/1995 la posibilidad de que un trabajador sufra un determinado daño derivado del trabajo?

a) Riesgo inminente.
b) Peligro potencial.
c) Riesgo laboral.
d) Posibilidad real de accidente laboral.

13. ¿Cómo define la Ley 31/1995 a los trabajadores que puedan padecer específicamente riesgos laborales adicionales, como consecuencia de sus propias características personales, su estado biológico conocido, o por tener reconocida una situación de discapacidad física, psíquica o sensorial?

a) Trabajadores especialmente sensibles.
b) Trabajadores potencialmente expuestos.
c) Trabajadores en peligro.
d) Trabajadores especialmente en riesgo.

14. Señale la respuesta incorrecta:

a) La Ley de Prevención de Riesgos Laborales se aplica a los operativos de Seguridad civil en casos de catástrofe.

b) La Ley de Prevención de Riesgos Laborales se aplica a las sociedades cooperativas.

c) En el ámbito de la relación laboral de carácter especial del servicio del hogar familiar, las personas trabajadoras tienen derecho a una protección eficaz en materia de seguridad y salud en el trabajo.

d) En los establecimientos penitenciarios, se adaptarán a la Ley de Prevención de Riesgos Laborales aquellas actividades cuyas características justifiquen una regulación especial.

15. Cualquier trabajador que se encuentre total o parcialmente en una zona peligrosa, define el concepto de:

a) Trabajador en peligro.

b) Trabajador expuesto.

c) Trabajador en riesgo.

d) Trabajador imprudente.

16. ¿Cuántos delegados de Prevención deberá de haber en una empresa con 80 trabajadores?

a) 2.

b) 3.

c) 1.

d) Ninguno.

17. Señala la respuesta incorrecta:

a) En las empresas que no cuenten con Comité de Seguridad y Salud por no alcanzar el número mínimo de trabajadores establecido al efecto, las competencias atribuidas a aquel serán ejercidas por los Delegados de Prevención.

b) Los trabajadores tienen derecho a participar en la empresa en las cuestiones relacionadas con la prevención de riesgos en el trabajo.

c) En las empresas de treinta y uno a cincuenta trabajadores habrá un Delegado de Prevención que será elegido por y entre los Delegados de Personal.

d) Una de las competencias de los Delegados de Prevención es colaborar con la dirección de la empresa en la mejora de la acción preventiva.

18. Los Delegados de Prevención, como representantes legales de los funcionarios dispondrán en el ejercicio de su función representativa de un crédito de horas mensuales dentro de la jornada de trabajo y retribuidas como de trabajo efectivo, que en el caso de centros de trabajo con 200 funcionarios será de:

a) 15 horas.

b) 20 horas.

c) 25 horas.
d) 30 horas.

19. ¿Con qué periodicidad se reúne el Comité de Seguridad y Salud?

a) Semestralmente y siempre que lo solicite alguna de las representaciones en el mismo.
b) Trimestralmente y siempre que lo solicite alguna de las representaciones en el mismo.
c) Cada dos meses y siempre que lo solicite alguna de las representaciones en el mismo.
d) Todos los meses y siempre que lo solicite alguna de las representaciones en el mismo.

20. ¿A quién le corresponden en el ámbito del SAS las funciones y responsabilidades relativas al control general de la política de prevención y aplicación del Plan de prevención?

a) A la persona titular de la Consejería de Sanidad, Presidencia y Emergencias.
b) A la persona titular de la Dirección Gerencia del Servicio Andaluz de Salud.
c) A la persona titular de la Dirección General de Personal.
d) A la persona titular de la Subdirección de Personal.

21. Aprobar mediante Orden el Plan de Prevención Riesgos Laborales de la Consejería de Sanidad, Presidencia y Emergencias, así como el de las agencias administrativas y agencias de régimen especial adscritas a la Consejería de Salud, es competencia de:

a) La persona titular de la Consejería de Sanidad, Presidencia y Emergencias.
b) La persona titular de la Dirección Gerencia del Servicio Andaluz de Salud.
c) La persona titular de la Dirección General de Personal.
d) La persona titular de la Subdirección de Personal.

22. ¿A quién corresponde comunicar, cuando corresponda, y notificar los accidentes de trabajo a la autoridad laboral según establece el correspondiente procedimiento?

a) A la Jefatura Servicio de Organización y Administración Interior.
b) A la Jefatura Servicio de Gestión de Personal/Jefatura de Servicio de Régimen Económico.
c) A las Direcciones Generales del SAS.
d) A la Subdirección de Ordenación y Organización interior.

23. A las personas empleadas públicas les corresponde:

a) Utilizar y conservar correctamente los medios y equipos de protección personal, que en su caso, les sean facilitados.
b) Cooperar con los superiores directos para garantizar unas condiciones de trabajo seguras.

c) Utilizar los Equipos de Protección Individual que se les proporcionen, de acuerdo con las instrucciones que se les suministren, en las que le indique su superior jerárquico o que se determinen en la evaluación de riesgos.

d) Todas las respuestas son correctas.

24. ¿De quién depende actualmente la Unidad de Coordinación de Prevención de Riesgos Laborales?

a) De la Dirección General de Personal y Servicios.
b) De la Dirección Gerencia del Servicio Andaluz de Salud.
c) De la Dirección General de Personal.
d) De la Subdirección de Personal.

25. ¿En qué empresas el Delegado de Prevención será el Delegado de Personal?

a) En las empresas de hasta treinta trabajadores.
b) En las empresas de hasta cuarenta trabajadores.
c) En las empresas de hasta cuarenta y nueve trabajadores.
d) En las empresas de hasta cincuenta trabajadores.

26. Según establece el art. 4 de la Ley 31/1995, de 8 de noviembre, de Prevención de Riesgos Laborales, se define como daños derivados del trabajo:

a) La posibilidad de que un trabajador sufra un determinado daño derivado del trabajo.
b) El que resulte probable racionalmente que se materialice en un futuro inmediato y pueda suponer y pueda suponer un daño grave para la salud de los trabajadores.
c) Las enfermedades, patologías o lesiones sufridas con motivo u ocasión del trabajo.
d) Cualquier máquina, aparato, instrumento o instalación utilizada en el trabajo.

27. Cualquier característica del trabajo que pueda tener una influencia significativa en la generación de riesgos para la seguridad y la salud del trabajador, es:

a) Una condición de trabajo.
b) Un factor de riesgo.
c) Un proceso potencialmente peligroso.
d) Una zona peligrosa.

28. Para calificar un riesgo desde el punto de vista de su gravedad, se valorarán conjuntamente la severidad del daño y:

a) La probabilidad de que se produzca.
b) La cantidad de trabajadores de la empresa.
c) La existencia o no de equipos individuales de protección.
d) Las condiciones de trabajo.

29. Según recoge el artículo 4 de la Ley 31/1995, quedan específicamente incluidas en la definición de condición de trabajo:

a) Las características particulares de los locales, instalaciones, equipos, productos y demás útiles existentes en el centro de trabajo.

b) La naturaleza de los agentes físicos, químicos y biológicos presentes en el ambiente de trabajo y sus correspondientes intensidades, concentraciones o niveles de presencia.

c) Los procedimientos para la utilización de los agentes citados anteriormente que no influyan en la generación de los riesgos mencionados.

d) Todas aquellas otras características del trabajo, excluidas las relativas a su organización y ordenación, que influyan en la magnitud de los riesgos a que esté expuesto el trabajador.

30. ¿Quién debe garantizar a los trabajadores la vigilancia periódica de su estado de salud en función de los riesgos inherentes al trabajo?

a) La Inspección de Trabajo.

b) El propio trabajador.

c) El empresario.

d) Las secciones sindicales.

31. Entre los principios de la acción preventiva recogidos por el artículo 15 de la Ley de Prevención de Riesgos Laborales, no figura:

a) Evitar los riesgos.

b) Evaluar los riesgos que se puedan evitar.

c) Tener en cuenta la evolución de la técnica.

d) Dar las debidas instrucciones a los trabajadores.

32. Podrán realizar el plan de prevención de riesgos laborales, la evaluación de riesgos y la planificación de la actividad preventiva de forma simplificada, en atención a la naturaleza y peligrosidad de las actividades realizadas, empresas cuyo número de trabajadores no exceda de:

a) 30.

b) 50.

c) 80.

d) 100.

33. En relación a la vigilancia de la salud que ha de garantizar el empresario, el acceso a la información médica de carácter personal:

a) Se limitará al empresario y a los Servicios de Prevención propios.

b) Se limitará al Jefe inmediato del trabajador.

c) Sólo será accesible al propio trabajador.

d) Se limitará al personal médico y a las autoridades sanitarias que lleven a cabo la vigilancia.

34. En relación a la vigilancia de la salud, no es cierto que:

a) El derecho a la vigilancia periódica del estado de salud puede prolongarse más allá de la finalización de la relación laboral.

b) Las medidas de vigilancia y control se llevarán a cabo por personal sanitario.

c) Los resultados de la vigilancia de la salud serán comunicados a los representantes de los trabajadores.

d) Se deberá optar por la realización de aquellos reconocimientos o pruebas que causen las menores molestias al trabajador.

35. Según la Ley de Prevención de Riesgos Laborales, es obligación de los trabajadores en materia de prevención de riesgos:

a) La protección eficaz en materia de seguridad y salud en el trabajo.

b) Utilizar correctamente los medios y equipos de protección facilitados por el empresario, de acuerdo con las instrucciones recibidas de éste.

c) Soportar el coste de las medidas relativas a la seguridad y la salud en el trabajo.

d) Desarrollar una acción permanente de seguimiento de la actividad preventiva.

36. El art. 21 de la LPRL establece los requisitos y el procedimiento para que los representantes legales de los trabajadores acuerden la paralización de la actividad de los trabajadores que están o puedan estar expuestos a un riesgo grave e inminente si el empresario no adopta las medidas necesarias para garantizar la seguridad y salud de los trabajadores. La medida será adoptada por:

a) Acuerdo por mayoría absoluta de sus miembros. Tal acuerdo será comunicado de inmediato a la empresa y a la autoridad laboral, la cual, en el plazo de 48 horas, anulará o ratificará la paralización acordada.

b) Acuerdo por mayoría de 2/3 de sus miembros. Tal acuerdo será comunicado de inmediato a la empresa y a la autoridad laboral, la cual, en el plazo de 24 horas, anulará o ratificará la paralización acordada.

c) Acuerdo por mayoría de sus miembros. Tal acuerdo será comunicado de inmediato a la empresa y a la autoridad laboral, la cual, en el plazo de 48 horas, anulará o ratificará la paralización acordada.

d) Acuerdo por mayoría de sus miembros. Tal acuerdo será comunicado de inmediato a la empresa y a la autoridad laboral, la cual, en el plazo de 24 horas, anulará o ratificará la paralización acordada.

37. El posible cambio de puesto de trabajo con riesgo para una trabajadora embarazada:

a) Deberá realizarse en caso de imposibilidad de adaptación del propio puesto.

b) Se hará previo informe en tal sentido del Servicio de Prevención.

c) Se determinará por el empresario, y dará información a los representantes de los trabajadores.

d) Se extenderá al período de lactancia.

38. ¿Cuándo se deben utilizar los equipos de protección individual?

a) Siempre.
b) Cuando los riesgos no hayan sido evaluados.
c) Cuando los riesgos no se puedan evitar o no puedan limitarse.
d) Cuando el trabajador lo estime oportuno.

39. Según el artículo 19 de la Ley de Prevención de Riesgos Laborales, la formación teórica y práctica en materia preventiva deberá:

a) Impartirse en horario dentro de la jornada de trabajo.
b) Impartirse por igual en jornada de trabajo y fuera del horario de trabajo.
c) Impartirse, siempre que sea posible, dentro de la jornada de trabajo o, en su defecto, en otras horas, pero con el descuento en aquella del tiempo invertido en la misma.
d) La formación teórica siempre debe ser en horario dentro de la jornada de trabajo y la formación práctica puede impartirse tanto dentro como fuera de la jornada de trabajo.

40. El empresario deberá constituir un servicio de prevención propio siempre que se trate de empresas que cuenten con:

a) Más de 500 trabajadores.
b) Menos de 250 trabajadores.
c) Más de 250 trabajadores.
d) Más de 250 y menos de 500 trabajadores.

41. Con relación a la protección y prevención de riesgos profesionales, el art. 30 de la LPRL, establece que:

a) En cumplimiento del deber de prevención de riesgos profesionales, el empresario, podrá designar, exclusivamente, uno o dos trabajadores para ocuparse de dicha actividad.
b) En las empresas de más de seis trabajadores, el empresario asumirá personalmente las funciones relativas a la protección y prevención de riesgos profesionales.
c) En ningún caso el empresario podrá asumir estas funciones, que serán desempeñadas exclusivamente por los trabajadores.
d) En las empresas de hasta diez trabajadores, con varios centros de trabajo, el empresario podrá asumir personalmente las funciones relativas al deber de prevención de riesgos profesionales.

42. Según el art. 32 de la LPRL, en relación con las mutuas de accidente de trabajo y enfermedades profesionales, es cierto que:

a) En ningún caso podrán desarrollar para empresas las funciones correspondientes a los servicios de prevención.
b) Podrán desarrollar, para las empresas a ellas asociadas, las funciones correspondientes a los servicios de prevención, sin ningún tipo de restricción.

c) Podrán desarrollar, para las empresas a ellas asociadas, las funciones correspondientes a los servicios de prevención, siempre que hayan sido objeto de acreditación por la Administración Laboral y previa aprobación de la Administración Sanitaria en cuanto a los aspectos de carácter sanitario.

d) Podrán desarrollar, libremente, las funciones correspondientes a los servicios de prevención de las empresas que así se los soliciten.

43. Según la Ley de Prevención de Riesgos Laborales, se constituirá un Comité de Seguridad y Salud en todas las empresas o centros de trabajo que cuenten con:

a) 30 o más trabajadores.
b) 50 o más trabajadores.
c) 75 o más trabajadores.
d) 100 o más trabajadores.

44. Con respecto a las Unidades de Prevención en los centros sanitarios del Servicio Andaluz de Salud, todas las afirmaciones siguientes son correctas, EXCEPTO:

a) Se distinguen cuatro niveles, que se denominan como I, II, III y IV.
b) Dependen de la dirección gerencia del hospital o de la dirección del distrito de atención primaria en la que se ubican.
c) Entre sus funciones está la evaluación de riesgos.
d) Fueron creadas por la Orden de 11 de marzo de 2004, conjunta de las Consejerías de Empleo y Desarrollo Tecnológico y de Salud.

45. Entre las funciones del Consejo Andaluz de Prevención de Riesgos Laborales, se encuentra:

a) Delegar las competencias previstas para los órganos tripartitos y de participación institucional autonómicos.
b) Imponer actuaciones concretas orientadas a la Prevención de Riesgos Laborales y a la mejora de las condiciones de trabajo.
c) Planificar el organigrama anual de actividades de los Centros de Prevención de Riesgos Laborales.
d) Plantear estudios preventivos-laborales y planes integrales de actuación en sectores, actividades o subactividades concretas.

46. La Orden 11 de marzo de 2004, por la que se crean las Unidades de Prevención en los Centros Asistenciales del Servicio Andaluz de Salud, establece que la vigilancia de la salud de los trabajadores en relación con los riesgos derivados del trabajo, se realizará con arreglo a las modalidades siguientes: (Señale la respuesta correcta):

a) Trabajadores de Centros con Unidad de Prevención Nivel 1, la vigilancia de la salud y la asistencia de primeros auxilios y urgencias será asumida directamente por la Unidad de Prevención.
b) Trabajadores de Centros con Unidad de Prevención de Nivel 2 o Nivel 3, la asistencia de primeros auxilios y urgencias será asumida directamente por la Unidad de Prevención.

c) Trabajadores de Centros con Unidad de Prevención Nivel 1, la vigilancia de la salud será asumida directamente por la Unidad de Prevención, para lo que contará con estructura y medios propios adecuados.

d) Trabajadores de Centros con Unidad de Prevención de Nivel 2 o Nivel 3. La vigilancia de la salud y la asistencia de primeros auxilios y urgencias serán asumidas directamente por la Unidad de Prevención.

47. ¿Cuál de las siguientes afirmaciones sobre el vigente "Plan de Prevención de Riesgos Laborales del Servicio Andaluz de Salud" (SAS) es cierta?

a) En este Plan se crean las Unidades de Prevención de Riesgos Laborales en el ámbito del SAS.

b) El Plan establece dos tipos o niveles de Unidades de Prevención en los centros, servicios y establecimientos sanitarios públicos integrados en el SAS, y un tercer nivel en los Servicios de Apoyo.

c) Este Plan fue aprobado por la Orden de 17 de septiembre de 2014, de la Consejería de Igualdad, Salud y Políticas Sociales.

d) Todas las respuestas anteriores son correctas.

48. ¿Cuál de los siguientes órganos debe supervisar la actuación de la Unidad de Prevención en lo relativo a la evaluación de riesgos en los Servicios de Apoyo?

a) Dirección Gerencia del Hospital.

b) Subdirección de Personal.

c) Jefatura de Servicio de Régimen Económico.

d) Delegados de Prevención.

49. ¿Qué unidad se encarga de implantar protocolos de procedimientos unificados en materia de salud laboral?

a) Subdirección de Personal.

b) Centros de Prevención.

c) Dirección Gerencia.

d) Unidad de Coordinación de PRL del SAS.

50. Las funciones de vigilancia de la salud en centros asistenciales corresponden a:

a) Unidad de Coordinación.

b) Dirección Gerencia.

c) Delegados de Prevención.

d) Unidades de Prevención y Vigilancia de la Salud del propio centro.

En MADTEST tienes **más preguntas de este tema**, y todos tus avances quedan registrados y se reflejan en el ranking.

¡Supera tus límites con MADTEST!

Solución al test n.º 6

1. b) Adoptar medidas que antepongan la protección individual a la colectiva.

2. a) La Ley 31/1995, de 8 de noviembre.

3. a) El Real Decreto 773/1997, de 30 de mayo.

4. c) Propios o ajenos.

5. d) Los Delegados de Prevención.

6. b) Se prohíbe realizar horas extraordinarias a los menores de dieciocho años.

7. b) Prevención.

8. b) El Plan de prevención de riesgos laborales debe ser aprobado por los representantes de los trabajadores.

9. a) La empresa usuaria.

10. b) En el plazo de 24 horas.

11. c) Plan de prevención de riesgos laborales.

12. c) Riesgo laboral.

13. a) Trabajadores especialmente sensibles.

14. a) La Ley de Prevención de Riesgos Laborales se aplica a los operativos de Seguridad civil en casos de catástrofe.

15. b) Trabajador expuesto.

16. a) 2.

17. c) En las empresas de treinta y uno a cincuenta trabajadores habrá un Delegado de Prevención que será elegido por y entre los Delegados de Personal.

18. b) 20 horas.

19. b) Trimestralmente y siempre que lo solicite alguna de las representaciones en el mismo.

20. b) A la persona titular de la Dirección Gerencia del Servicio Andaluz de Salud.

21. a) La persona titular de la Consejería de Sanidad, Presidencia y Emergencias.

22. b) A la Jefatura Servicio de Gestión de Personal/Jefatura de Servicio de Régimen Económico.

23. d) Todas las respuestas son correctas.

24. c) De la Dirección General de Personal.

25. a) En las empresas de hasta treinta trabajadores.

26. c) Las enfermedades, patologías o lesiones sufridas con motivo u ocasión del trabajo.

27. a) Una condición de trabajo.

28. a) La probabilidad de que se produzca.

29. b) La naturaleza de los agentes físicos, químicos y biológicos presentes en el ambiente de trabajo y sus correspondientes intensidades, concentraciones o niveles de presencia.

30. c) El empresario.

31. b) Evaluar los riesgos que se puedan evitar.

32. b) 50.

33. d) Se limitará al personal médico y a las autoridades sanitarias que lleven a cabo la vigilancia.

34. c) Los resultados de la vigilancia de la salud serán comunicados a los representantes de los trabajadores.

35. b) Utilizar correctamente los medios y equipos de protección facilitados por el empresario, de acuerdo con las instrucciones recibidas de éste.

36. d) Acuerdo por mayoría de sus miembros. Tal acuerdo será comunicado de inmediato a la empresa y a la autoridad laboral, la cual, en el plazo de 24 horas, anulará o ratificará la paralización acordada.

37. a) Deberá realizarse en caso de imposibilidad de adaptación del propio puesto.

38. c) Cuando los riesgos no se puedan evitar o no puedan limitarse.

39. c) Impartirse, siempre que sea posible, dentro de la jornada de trabajo o, en su defecto, en otras horas, pero con el descuento en aquella del tiempo invertido en la misma.

40. a) Más de 500 trabajadores.

41. d) En las empresas de hasta diez trabajadores, con varios centros de trabajo, el empresario podrá asumir personalmente las funciones relativas al deber de prevención de riesgos profesionales.

42. a) En ningún caso podrán desarrollar para empresas las funciones correspondientes a los servicios de prevención.

43. b) 50 o más trabajadores.

44. a) Se distinguen cuatro niveles, que se denominan como I, II, III y IV.

45. d) Plantear estudios preventivos-laborales y planes integrales de actuación en sectores, actividades o subactividades concretas.

46. c) Trabajadores de Centros con Unidad de Prevención Nivel 1, la vigilancia de la salud será asumida directamente por la Unidad de Prevención, para lo que contará con estructura y medios propios adecuados.

47. c) Este Plan fue aprobado por la Orden de 17 de septiembre de 2014, de la Consejería de Igualdad, Salud y Políticas Sociales.

48. b) Subdirección de Personal.

49. d) Unidad de Coordinación de PRL del SAS.

50. d) Unidades de Prevención y Vigilancia de la Salud del propio centro.

TEST N.º 7

Ley 12/2007, de 26 de noviembre, para la Promoción de la Igualdad de Género en Andalucía: objeto; ámbito de aplicación; principios generales; políticas públicas para la promoción de la igualdad de género. Ley 13/2007, de 26 de noviembre, de Medidas de Prevención y Protección Integral contra la Violencia de Género: objeto; ámbito de aplicación; principios rectores; formación a profesionales de la salud. El Plan de Igualdad de la Administración General de la Junta de Andalucía

1. La Administración de la Junta de Andalucía no formalizará contratos ni subvencionará, bonificará o prestará ayudas públicas a aquellas personas físicas o jurídicas condenadas por alentar o tolerar prácticas laborales consideradas discriminatorias por la legislación vigente, durante:

a) Un plazo de diez años desde la fecha de la condena por sentencia firme.
b) Un plazo de ocho años desde la fecha de la condena por sentencia firme.
c) Un plazo de seis años desde la fecha de la condena por sentencia firme.
d) Un plazo de cinco años desde la fecha de la condena por sentencia firme.

2. La prestación económica a los hijos e hijas menores de edad de las mujeres víctimas mortales como consecuencia de violencia de género:

a) Es anual.
b) De cuantía fija.
c) Hasta que alcancen la mayoría de edad.
d) Todas son correctas.

3. A tenor de la Ley Orgánica de Medidas de Protección Integral Contra la Violencia de Género, la violencia de género a la que se refiere dicha ley comprende:

a) La privación arbitraria de libertad.
b) Todo acto de violencia física.
c) Todo acto de violencia psicológica.
d) Todas las respuestas son correctas.

4. ¿A quién corresponde, a tenor del art. 9.2 de la Carta Magna, promover las condiciones para que la libertad y la igualdad del individuo y de los grupos en que se integra sean reales y efectivas?

a) A los poderes públicos.
b) Al Gobierno.
c) A la Administración pública.
d) A los colectivos sociales más relevantes.

5. La Ley 12/2007, de 26 de noviembre, de Promoción de la Igualdad de Género en Andalucía, será de aplicación a:

a) Las entidades que integran la Administración Local, sus organismos autónomos, consorcios, fundaciones y demás entidades con personalidad jurídica propia en los que sea mayoritaria la representación directa de dichas entidades.
b) Al sistema universitario andaluz.
c) Las empresas de la Junta de Andalucía.
d) Todas las respuestas son correctas.

6. ¿Quién formula el Plan Estratégico para la Igualdad de Mujeres y Hombres en Andalucía?

a) El Parlamento de Andalucía.
b) El Consejo de Gobierno de la Junta de Andalucía.
c) La Consejería competente en materia de igualdad.
d) Las entidades locales.

7. ¿Con qué periodicidad se aprueba el Plan Estratégico para la Igualdad de Mujeres y Hombres en Andalucía?

a) Con una periodicidad que no será inferior a cinco años.
b) Con una periodicidad que no será inferior a cuatro años.
c) Con una periodicidad que no será inferior a tres años.
d) Con una periodicidad que no será inferior a seis años.

8. El 11 de marzo de 2022 se aprobó el Plan Estratégico para la Igualdad de Mujeres y Hombres en Andalucía para el periodo:

a) 2022-2026.
b) 2022- 2027.
c) 2023-2028.
d) 2022-2028.

9. En relación al Presupuesto de la Comunidad Autónoma de Andalucía, señala la respuesta correcta:

a) La Consejería competente en materia de presupuestos, en coordinación con el Instituto Andaluz de la Mujer, con participación del conjunto de las Consejerías, emitirá el informe de evaluación de impacto de género sobre el proyecto de Ley del Presupuesto de la Comunidad Autónoma de cada ejercicio.

b) La Consejería competente en materia de presupuestos, en coordinación con el conjunto de las Consejerías, con participación del Instituto Andaluz de la Mujer, emitirá el informe de evaluación de impacto de género sobre el proyecto de Ley del Presupuesto de la Comunidad Autónoma de cada ejercicio.

c) El Instituto Andaluz de la Mujer, en coordinación con la Consejería competente en materia de presupuestos y con la participación del conjunto de las Consejerías, emitirá el informe de evaluación de impacto de género sobre el proyecto de Ley del Presupuesto de la Comunidad Autónoma de cada ejercicio.

d) La Consejería competente en materia de igualdad y la competente en presupuestos, en coordinación con el conjunto de las Consejerías, con participación del Instituto Andaluz de la Mujer, emitirá el informe de evaluación de impacto de género sobre el proyecto de Ley del Presupuesto de la Comunidad Autónoma de cada ejercicio.

10. ¿Dónde se celebró en el año 1980 la segunda conferencia mundial sobre la mujer celebrada en el marco de la Organización de las Naciones Unidas?

a) En Bogotá.
b) En Nairobi.
c) En Seúl.
d) En Copenhague.

11. ¿Qué artículo del Estatuto de Autonomía para Andalucía establece que las mujeres tienen derecho a una protección integral contra la violencia de género, que incluirá medidas preventivas, medidas asistenciales y ayudas públicas?

a) El artículo 11.2.
b) El artículo 13.1.
c) El artículo 14.
d) El artículo 16.

12. ¿En qué capítulo del Título I de la Ley 13/2007, de 26 de noviembre, de medidas de prevención y protección integral contra la violencia de género, se regula la formación de los profesionales en distintos ámbitos, como el judicial, educativo o seguridad?

a) En el Capítulo II.
b) En el Capítulo III.
c) En el Capítulo IV.
d) En el Capítulo V.

13. Constituye el objeto de la Ley 12/2007, de 26 de noviembre, de Promoción de la Igualdad de Género en Andalucía hacer efectivo el derecho de igualdad de trato y oportunidades entre mujeres y hombres para, ¿en el desarrollo de qué dos artículos de la Constitución española?

a) Los artículos 9.1 y 14.
b) Los artículos 9.2 y 14.
c) Los artículos 9.3 y 14.
d) Los artículos 14 y 16.1.

14. ¿Qué artículo de la Carta Magna proclama, como valor superior del ordenamiento jurídico, la igualdad de toda la ciudadanía ante la ley, sin que pueda prevalecer discriminación alguna por razón de sexo?

a) El artículo 14.
b) El artículo 15.
c) El artículo 17.
d) El artículo 9.

15. Señala uno de los principios generales de actuación de los poderes públicos de Andalucía, en el marco de sus competencias a tenor de la Ley 12/2007, de 26 de noviembre, de Promoción de la Igualdad de Género en Andalucía:

a) El reconocimiento de la maternidad, biológica o no biológica, como un valor social, evitando los efectos negativos en los derechos de las mujeres y la consideración de la paternidad en un contexto familiar y social de corresponsabilidad, de acuerdo con los nuevos modelos de familia.
b) La especial protección del derecho a la igualdad de trato de aquellas mujeres o colectivos de mujeres que se encuentren en riesgo de padecer múltiples situaciones de discriminación.
c) El impulso de las relaciones entre las distintas Administraciones, instituciones y agentes sociales sustentadas en los principios de colaboración, coordinación y cooperación, para garantizar la igualdad entre mujeres y hombres.
d) Todas las respuestas son correctas.

16. ¿Quién asesorará a las entidades locales que así lo soliciten en el proceso de elaboración de los planes de igualdad, en lo relativo a la adecuación de sus contenidos a las líneas y directrices previstas en el Plan Estratégico para la Igualdad de Mujeres y Hombres de Andalucía?

a) La Consejería competente en materia de igualdad.
b) El Instituto Andaluz de la Mujer.
c) La Cámara de Cuentas de Andalucía.
d) Ninguna es correcta.

17. ¿Dónde se celebró en el año 1985 la tercera conferencia mundial sobre la mujer celebrada en el marco de la Organización de las Naciones Unidas?

a) En Río de Janeiro.
b) En Nairobi.
c) En Atenas.
d) En Roma.

18. Las Administraciones públicas de Andalucía, en el ámbito de sus respectivas competencias, adoptarán las medidas necesarias para garantizar una formación de su personal en materia de igualdad de mujeres y hombres, de carácter:

a) Especial, gradual y exclusivo.
b) Básico, progresivo y permanente.
c) Básico, especial y progresivo.
d) General, básico y permanente.

19. Los poderes públicos de Andalucía, para garantizar de modo efectivo la integración de la perspectiva de género en su ámbito de actuación, deberán:

a) Analizar los resultados desde la dimensión de género.
b) Incluir sistemáticamente la variable sexo en las estadísticas, encuestas y recogida de datos que realicen.
c) Incorporar indicadores de género en las operaciones estadísticas que posibiliten un mejor conocimiento de las diferencias en los valores, roles, situaciones, condiciones, aspiraciones y necesidades de mujeres y hombres, su manifestación e interacción en la realidad que se vaya a analizar.
d) Todas las respuestas son correctas.

20. ¿Qué artículo del Estatuto de Autonomía para Andalucía dispone que corresponda a la Comunidad Autónoma la competencia compartida en materia de lucha contra la violencia de género, la planificación de actuaciones y la capacidad de evaluación y propuesta ante la Administración central?

a) El artículo 51.
b) El artículo 69.2.
c) El artículo 72.1.
d) El artículo 73.2.

21. Uno de los principios rectores de la Ley13/2007, de 26 de noviembre, es adoptar medidas que garanticen los derechos de las mujeres víctimas de violencia de género, de acuerdo con los principios de:

a) Universalidad, igualdad, proximidad, confidencialidad de las actuaciones, protección de los datos personales, tutela y acompañamiento en los trámites procedimentales y respeto a su capacidad de decisión.

b) Universalidad, accesibilidad, proximidad, confidencialidad de las actuaciones, protección de los datos personales, tutela y acompañamiento en los trámites procedimentales y respeto a su capacidad de decisión.

c) Universalidad, igualdad, celeridad, confidencialidad de las actuaciones, protección de los datos personales, tutela y acompañamiento en los trámites procedimentales y respeto a su capacidad de decisión.

d) Universalidad, celeridad, publicidad, protección de los datos personales, tutela y acompañamiento en los trámites procedimentales y respeto a su capacidad de decisión.

22. ¿Cuántas conferencias mundiales sobre la mujer se han celebrado en el marco de la Organización de las Naciones Unidas?

a) Seis.
b) Cinco.
c) Cuatro.
d) Tres.

23. ¿Con qué periodicidad publicará el Instituto de Estadística y Cartografía de Andalucía un informe síntesis donde se recoja las principales estadísticas de Andalucía desde una perspectiva de género?

a) Cada cuatro años.
b) Cada tres años.
c) Bianualmente.
d) Anualmente.

24. ¿En qué año se celebró en Pekín una de las conferencias mundiales sobre la mujer celebrada en el marco de la Organización de las Naciones Unidas?

a) En 1995.
b) En 2000.
c) En 2004.
d) En 2005.

25. La Ley 13/2007, de 26 de noviembre, de Prevención y Protección Integral contra la Violencia de Género será de aplicación en todo el ámbito territorial de la Comunidad Autónoma de Andalucía. En particular, en los términos establecidos en la propia ley, será de aplicación:

a) A las entidades que integran la Administración local, sus organismos autónomos, consorcios, fundaciones y demás entidades con personalidad jurídica propia en los que sea mayoritaria la representación directa de dichas entidades.

b) A las actuaciones de los poderes públicos sujetos a las leyes de la Comunidad Autónoma de Andalucía.

c) A la Administración de la Junta de Andalucía y sus organismos autónomos, a las empresas de la Junta de Andalucía, a los consorcios, fundaciones y demás entidades con personalidad jurídica propia en los que sea mayoritaria la representación directa de la Junta de Andalucía.

d) Todas las respuestas son correctas.

26. Según indica el artículo 32 de la Ley 12/2007, la Administración de la Junta de Andalucía, sus agencias y demás entidades instrumentales elaborarán planes de igualdad en el empleo, ¿cada cuánto tiempo?

a) Anualmente.
b) Periódicamente.
c) Cada dos años.
d) Cada cuatro años.

27. Según indica el artículo 3 de la Ley 12/2007, la situación que garantiza la presencia de mujeres y hombres de forma que, el conjunto de personas a que se refiere cada sexo no supera el 60% ni es menos del 40% se denomina:

a) Representación paritaria.
b) Paridad.
c) Representación equilibrada.
c) Composición equilibrada.

28. Señala la opción correcta sobre la discriminación:

a) La discriminación directa no cabe si se puede justificar objetivamente en atención a una finalidad legítima.
b) La discriminación indirecta por razón de sexo se entiende cuando se aplica una disposición, criterio o práctica aparentemente neutros que pone a las personas de un sexo en desventaja particular con respecto a las personas del otro, en todo caso.
c) La discriminación directa por razón de sexo es la situación que se encuentra una persona que es, ha sido o puede ser tratado, en atención a su sexo, de manera más favorable que otra en situación equiparable.
d) Ninguna es correcta.

29. El condicionamiento de un derecho o de una expectativa de derecho a la aceptación de una situación constitutiva de acoso sexual o de acoso por razón de sexo se considerará:

a) Acto de discriminación por razón de sexo.
b) Discriminación directa.
c) Discriminación indirecta.
d) Acoso sexual.

30. El comportamiento de tipo verbal, no verbal o físico de índole sexual realizado por el hombre contra la mujer, que tenga como objeto o produzca el efecto de atentar contra su dignidad, o crear un entorno intimidatorio, hostil, degradante, humillante u ofensivo, cualquiera que sea el ámbito en el que se produzca, incluido el laboral, se denomina:

a) Acoso por razón de sexo.
b) Acoso sexual.
c) Interseccionalidad.
d) Discriminación por razón de sexo.

31. El lenguaje sexista:

a) Es el uso discriminatorio del lenguaje.
b) Es el uso discriminatorio del lenguaje por razón de sexo.
c) Es el uso discriminatorio del lenguaje por razones étnicas.
d) Es una forma agravada y específica de discriminación.

32. La situación de discriminación múltiple en que una mujer padece formas agravadas y específicas de discriminación por razón de clase, etnia, religión, orientación o identidad sexual, o discapacidad, se denomina:

a) Discriminación por razón de sexo.
b) Interseccionalidad.
c) Una forma de discriminación directa.
d) Acoso sexual.

33. ¿Qué es la interseccionalidad, según la Ley 12/2007?

a) La situación de discriminación múltiple en que una mujer padece formas agravadas y específicas de discriminación por razón de clase, etnia, religión, orientación o identidad sexual, o discapacidad.
b) La situación de discriminación múltiple en que una mujer o persona trans padece formas agravadas y específicas de discriminación por razón de clase, etnia, religión, orientación o identidad sexual, o discapacidad.
c) La situación de discriminación múltiple en que una mujer padece cualquier forma de discriminación por razón de clase, etnia, religión, orientación o identidad sexual, o discapacidad.
d) La situación de discriminación múltiple en que una persona padece formas agravadas y específicas de discriminación por razón de clase, etnia, religión, orientación o identidad sexual, o discapacidad.

34. Uno de los siguientes no tiene la consideración de acto de violencia de género según la Ley 13/2007:

a) Violencia en la pareja o expareja.
b) Feminicidio.

c) La trata de mujeres y niñas.

d) Las violencias originadas por la aplicación de tradiciones religiosas que atenten contra los derechos de las mujeres, tales como rituales de purificación o exorcismos coercitivos.

35. Señala la respuesta correcta:

a) La violencia a que se refiere la Ley 13/2007 comprende cualquier acto de violencia basada en el género que implique o pueda implicar para las mujeres perjuicios o sufrimientos de naturaleza física, psicológica, sexual o económica.

b) Comprende, las amenazas de realizar dichos actos, la coerción o las privaciones arbitrarias de su libertad, producidas en la vida pública.

c) Comprende, las amenazas de realizar dichos actos, la coerción o las privaciones arbitrarias de su libertad, producidas en la vida privada.

d) Todas son correctas.

36. ¿Cómo se denomina la violencia de género en la que se utilizan las redes sociales y las tecnologías de la información como medio para ejercer daño o dominio?

a) Ciberviolencia.

b) Violencia económica.

c) Violencia vicaria.

d) Violencia tecnológica.

37. El I Plan de Igualdad de la Administración General de la Junta de Andalucía abarca el periodo:

a) 2022-2026.

b) 2023-2027.

c) 2024-2028.

d) 2025-2029.

38. El objetivo general del I Plan de Igualdad de la Administración General de la Junta de Andalucía es:

a) Combatir la percepción negativa de las políticas de igualdad.

b) La transversalidad.

c) Fortalecer la integración de la dimensión de género en los valores que configuran la cultura de la Junta de Andalucía.

d) La participación de hombres y mujeres en el empleo público.

39. Garantizar la igualdad de trato y de oportunidades de mujeres y hombres en la Administración General de la Junta de Andalucía es:

a) Un valor del Plan.

b) La misión del Plan.

c) La visión del Plan.
d) Su objetivo prioritario.

40. La Administración General de la Junta de Andalucía, según datos analizados:

a) Está masculinizada.
b) Se compone de un 64% de hombres.
c) Es una Administración feminizada.
d) Cumple con el principio de paridad.

41. Entre los objetivos estratégicos del I Plan de Igualdad se encuentra:

a) Conseguir que la conciliación no sea un freno para la carrera profesional.
b) Mejorar la percepción de las políticas de igualdad en la Administración General de la Junta de Andalucía.
c) Conseguir que el personal de la Administración General de la Junta de Andalucía sea consciente de las desigualdades de género.
d) Todas son correctas.

42. ¿Cuántos programas de actuación contiene el I Plan de Igualdad?

a) 12.
b) 10.
c) 8.
d) No contiene programas, sino objetivos.

43. Entre los valores del I Plan de Igualdad no se encuentra el siguiente:

a) Igualdad.
b) Equidad.
c) Libertad.
d) Buena fe.

44. ¿Qué regula la Ley Orgánica 10/2022, de 6 de septiembre?

a) La última modificación de la Ley 13/2007.
b) La garantía integral de la libertad sexual.
c) La Ley de protección de la Infancia y la adolescencia.
d) Ninguna es correcta.

45. ¿Qué se ha celebrado en 2025?

a) Los 30 años de la Conferencia de Beijing.
b) Los 30 años de la Conferencia de Nairobi.
c) Una nueva Conferencia de la ONU para la igualdad de género.
d) Ninguna es correcta.

46. La ley 12/2007 tendrá en cuenta la promoción del acceso a los recursos de todo tipo a las mujeres que viven en el medio rural:

a) Su participación desigual en la economía y en la sociedad civil.
b) Su participación plena, igualitaria y efectiva en la economía y en la sociedad.
c) Su participación igualitaria y efectiva en las laborales domésticas.
d) Su participación desigual en las laborales domésticas.

47. Se considera principio general de actuación de los poderes públicos de Andalucía, según el art 4 de la ley 12/2007:

a) Igualdad de trato entre mujeres y hombres.
b) Suponiendo la ausencia de toda discriminación, directa o indirecta, por razón de sexo.
c) Ambas respuestas son correctas refiriéndose a los ámbitos económicos, político, social, laboral, cultural y educativo, en particular, en lo que se refiere al empleo, a la formación profesional y a las condiciones de trabajo.
d) Todas las anteriores son correctas.

48. A efectos de lo previsto en la Ley 13/2007 de 26 de noviembre de Medidas para la Prevención y Protección Integral contra la Violencia de Género de Andalucía, tendrán la consideración de actos de violencia de género (señale la respuesta incorrecta):

a) El feminicidio, entendido como los homicidios o asesinatos de las mujeres motivados por una discriminación basada en el sexo.
b) La mutilación genital femenina, entendida como conjunto de prácticas que suponen la extirpación total o parcial de los genitales externos femeninos o produzcan lesiones en los mismos por motivos no médicos ni terapéuticos sino, generalmente, culturales, aunque exista consentimiento expreso o tácito de la mujer, adolescente o niña.
c) La violencia vicaria, entendida ésta como la ejercida sobre los hijos e hijas, así como sobre las personas contempladas en las letras c y d del artículo 1 bis, que incluye toda conducta ejercida por el agresor que sea utilizada como instrumento para dañar a la mujer.
d) Las violencias originadas por la aplicación de tradiciones culturales que atenten contra los derechos de las mujeres, tales como crímenes por honor, crímenes por la dote, ejecuciones extrajudiciales, ejecuciones o castigos por adulterio o violaciones por honor.

49. Las Administraciones públicas, en el ámbito de sus respectivas competencias y en aplicación del principio de igualdad entre mujeres y hombres, deberán:

a) Evaluar periódicamente la no efectividad del principio de igualdad en sus respectivos ámbitos de actuación.
b) Establecer obligatoriamente la presencia equilibrada de mujeres y hombres en los órganos de selección y valoración.
c) Fomentar la formación en igualdad, tanto en el acceso al empleo público como a lo largo de la carrera profesional.
d) Todas son correctas.

50. El Consejo de Gobierno aprobará la formulación del Plan integral de sensibilización y prevención contra la violencia de género:

a) En el plazo máximo de doce meses desde la entrada en vigor de la Ley 7/2018 de 30 de julio.

b) En el plazo máximo de seis meses desde la entrada en vigor de la Ley 7/2018 de 30 de julio.

c) En el plazo máximo de doce meses desde la entrada en vigor de la Ley 13/2007 de 26 de noviembre.

d) En el plazo de seis meses desde la entrada en vigor de la Ley 13/2007 de 26 de noviembre.

En MADTEST tienes **más preguntas de este tema**, y todos tus avances quedan registrados y se reflejan en el ranking.

¡Supera tus límites con MADTEST!

Solución al test n.º 7

1. d) Un plazo de cinco años desde la fecha de la condena por sentencia firme.

2. d) Todas son correctas.

3. d) Todas las respuestas son correctas.

4. a) A los poderes públicos.

5. d) Todas las respuestas son correctas.

6. b) El Consejo de Gobierno de la Junta de Andalucía.

7. b) Con una periodicidad que no será inferior a cuatro años.

8. d) 2022-2028.

9. b) La Consejería competente en materia de presupuestos, en coordinación con el conjunto de las Consejerías, con participación del Instituto Andaluz de la Mujer, emitirá el informe de evaluación de impacto de género sobre el proyecto de Ley del Presupuesto de la Comunidad Autónoma de cada ejercicio.

10. d) En Copenhague.

11. d) El artículo 16.

12. d) En el Capítulo V.

13. b) Los artículos 9.2 y 14.

14. a) El artículo 14.

15. d) Todas las respuestas son correctas.

16. b) El Instituto Andaluz de la Mujer.

17. b) En Nairobi.

18. b) Básico, progresivo y permanente.

19. d) Todas las respuestas son correctas.

20. d) El artículo 73.2.

21. b) Universalidad, accesibilidad, proximidad, confidencialidad de las actuaciones, protección de los datos personales, tutela y acompañamiento en los trámites procedimentales y respeto a su capacidad de decisión.

22. c) Cuatro.

23. d) Anualmente.

24. a) En 1995.

25. d) Todas las respuestas son correctas.

26. d) Cada cuatro años.

27. c) Representación equilibrada.

28. d) Ninguna es correcta.

29. a) Acto de discriminación por razón de sexo.

30. b) Acoso sexual.

31. b) Es el uso discriminatorio del lenguaje por razón de sexo.

32. b) Interseccionalidad.

33. a) La situación de discriminación múltiple en que una mujer padece formas agravadas y específicas de discriminación por razón de clase, etnia, religión, orientación o identidad sexual, o discapacidad.

34. d) Las violencias originadas por la aplicación de tradiciones religiosas que atenten contra los derechos de las mujeres, tales como rituales de purificación o exorcismos coercitivos.

35. d) Todas son correctas.

36. a) Ciberviolencia.

37. b) 2023-2027.

38. c) Fortalecer la integración de la dimensión de género en los valores que configuran la cultura de la Junta de Andalucía.

39. b) La misión del Plan.

40. c) Es una Administración feminizada.

41. d) Todas son correctas.

42. a) 12.

43. d) Buena fe.

44. b) La garantía integral de la libertad sexual.

45. a) Los 30 años de la Conferencia de Beijing.

46. b) Su participación plena, igualitaria y efectiva en la economía y en la sociedad.

47. d) Todas las anteriores son correctas.

48. a) El feminicidio, entendido como los homicidios o asesinatos de las mujeres motivados por una discriminación basada en el sexo.

49. c) Fomentar la formación en igualdad, tanto en el acceso al empleo público como a lo largo de la carrera profesional.

50. a) En el plazo máximo de doce meses desde la entrada en vigor de la Ley 7/2018 de 30 de julio.

TEST N.º 8

Ley 55/2003, de 16 de diciembre, del Estatuto Marco del Personal Estatutario de los Servicios de Salud: clasificación del personal estatutario; derechos y deberes; adquisición y pérdida de la condición de personal estatutario fijo; provisión de plazas, selección y promoción interna; movilidad del personal; carrera profesional; retribuciones; jornadas de trabajo, permisos y licencias; situaciones del personal estatutario; régimen disciplinario; incompatibilidades; representación, participación y negociación colectiva

1. ¿Qué Ley establece las normas básicas relativas al Personal Estatutario de los Servicios de Salud?

a) La Ley 45/2003, de 11 de diciembre, del Estatuto Marco del Personal Estatutario de los Servicios de Salud.
b) La Ley 55/2003, de 16 de diciembre, del Estatuto Marco del Personal Estatutario de los Servicios de Salud.
c) La Ley 59/2004, de 18 de diciembre, del Estatuto Marco del Personal Estatutario de los Servicios de Salud.
d) La Ley 60/2004, de 18 de diciembre, del Estatuto Marco del Personal Estatutario de los Servicios de Salud.

2. ¿Cómo se denomina al personal que, una vez superado el correspondiente proceso selectivo, obtiene un nombramiento para el desempeño con carácter permanente de las funciones que de tal nombramiento se deriven?

a) Personal estatutario fijo.
b) Personal estatutario temporal.
c) Personal eventual.
d) Personal laboral fijo.

3. La selección del personal estatutario temporal se efectuará a través de procedimientos que permitan la máxima agilidad en la selección, procedimientos que se basarán en todo caso en los principios de:

a) Igualdad, objetividad, mérito, capacidad, competencia, publicidad y celeridad.
b) Igualdad, objetividad, mérito, capacidad, publicidad y celeridad.

c) Igualdad, transparencia, objetividad, mérito, capacidad, publicidad y celeridad.

d) Igualdad, mérito, capacidad, competencia, publicidad y celeridad.

4. Según la Ley 55/2003, de 16 de diciembre, es personal estatutario de los servicios de salud:

a) El que ejerce una profesión o especialidad sanitaria.

b) El que ostenta esta condición en virtud de nombramiento expedido para el ejercicio de una profesión o especialización sanitaria.

c) El que desempeña una categoría profesional clasificada como sanitaria.

d) Quien ejerza una profesión sanitaria sin ostentar la condición de funcionario.

5. Atendiendo a su formación académica, un profesional que haya obtenido el título de Grado en una especialidad sanitaria universitaria, pero no haya cursado el máster correspondiente se clasificará, de conformidad con lo previsto en la Ley 55/2003, como:

a) Personal de formación profesional.

b) Técnico superior.

c) Personal de formación universitaria.

d) Técnico.

6. En la división del personal de formación universitaria, la Ley 55/2003, de 16 de diciembre, atiende a la diferencia entre licenciados y diplomados, y también en:

a) Que haya obtenido el título de especialista en ciencias de la salud.

b) Las calificaciones obtenidas en la obtención del título.

c) La experiencia profesional.

d) La practicidad del título.

7. El personal estatutario de los servicios de salud de formación profesional sanitaria se divide en:

a) Técnicos especialistas y Técnicos no especialistas.

b) Personal de formación profesional superior o de grado medio.

c) Técnicos superiores y Técnicos.

d) Personal de formación profesional y Técnicos Superiores.

8. Es personal estatutario de gestión y servicios:

a) Quien ostenta la condición de personal estatutario en virtud de nombramiento expedido para el ejercicio de profesiones o actividades profesionales sanitarias, cuando se exija una concreta titulación de formación profesional.

b) Quien ostenta tal condición en virtud de nombramiento expedido para el desempeño de funciones de gestión o para el desarrollo de profesiones u oficios que no tengan carácter sanitario.

c) Quien ostenta la condición de personal estatutario en virtud de nombramiento expedido para el ejercicio de una profesión sanitaria que exija una concreta titulación de carácter universitario de rama distinta a la sanitaria.

d) El que ostenta esta condición en virtud de nombramiento expedido para el ejercicio de funciones de carácter sanitario.

9. El personal estatutario de gestión y servicios, en función del título exigido para el ingreso, se clasifica en:

a) Universitario y de formación profesional.
b) Licenciado, diplomado y técnico.
c) Universitario, de formación profesional y otro personal.
d) Superior, medio y básico.

10. La categoría de personal estatutario de gestión y servicios denominada "otro personal" es aquella a la que se le exige una formación equivalente a:

a) Técnico.
b) Título de Bachillerato.
c) Haber superado la selectividad o EBAU.
d) Haber cursado la Educación Secundaria Obligatoria.

11. El personal estatutario que, una vez superado el correspondiente proceso selectivo, obtiene un nombramiento para el desempeño con carácter permanente de las funciones que de tal nombramiento se deriven, se denomina:

a) Funcionario de carrera.
b) Fijo.
c) Fijo discontinuo.
d) Fijo o temporal.

12. El personal estatutario de los servicios de salud ostenta los siguientes derechos:

a) A la inamovilidad en el empleo y al ejercicio o desempeño efectivo de la profesión o funciones que correspondan a su nombramiento.

b) A la percepción puntual de las retribuciones complementarias e indemnizaciones por razón del servicio en cada caso establecidas.

c) A la formación continuada adecuada a la función desempeñada y al reconocimiento de su cualificación profesional en relación con dichas funciones.

d) A recibir prevención eficaz en materia de seguridad y salud en el trabajo, así como sobre riesgos generales en el centro sanitario o derivados del trabajo habitual, y a la información y formación específica en esta materia conforme a lo dispuesto en la Ley 31/1995, de 8 de noviembre, de Prevención de Riesgos Laborales.

13. El personal estatutario ostenta, en los términos establecidos en la Constitución y en la legislación específicamente aplicable, el siguiente derecho colectivo:

a) A que sea respetada su dignidad e intimidad personal en el trabajo y a ser tratado con educación, consideración y respeto por sus jefes y superiores, sus compañeros y sus subordinados.

b) Al descanso periódico retribuido, mediante la limitación de la jornada, las vacaciones y permisos necesarios en los términos que se establezcan.

c) A recibir asistencia y protección de las Administraciones públicas y servicios de salud en el ejercicio del Régimen General de la Seguridad Social.

d) A la libre sindicación.

14. El personal estatutario del Servicio Andaluz de Salud tendrá derecho, por accidente o enfermedad grave de familiar, hospitalización o intervención quirúrgica sin hospitalización que precise de reposo domiciliario de un familiar de primer grado por consanguinidad o afinidad, de:

a) 3 días hábiles.

b) 4 días hábiles.

c) 3 días hábiles, si el hecho se produce en la misma localidad de residencia de la persona trabajadora; o de 5 días hábiles, si se produce en distinta localidad.

d) 5 días hábiles, se produzca el hecho en la misma o en distinta localidad de residencia de la persona trabajadora.

15. El personal estatutario ostenta, en los términos establecidos en la Constitución y en la legislación específicamente aplicable, el siguiente derecho colectivo:

a) A recibir prevención eficaz en materia de seguridad y salud en el trabajo, así como sobre riesgos generales en el centro sanitario o derivados del trabajo habitual, y a la información y formación específica en esta materia conforme a lo dispuesto en la Ley 31/1995, de 8 de noviembre, de Prevención de Riesgos Laborales.

b) A la movilidad obligatoria, promoción interna y carrera profesional, en la forma en que prevean las disposiciones en cada caso aplicables.

c) A que sea respetada su dignidad e intimidad personal en el trabajo y a ser tratado con educación, consideración y respeto por sus jefes y superiores, sus compañeros y sus subordinados.

d) A la actividad sindical.

16. Por traslado de domicilio a otra localidad de la misma provincia, el trabajador personal estatutario del SAS tendrá derecho a un permiso de:

a) 1 día.

b) 2 días.

c) 3 días.

d) 4 días.

17. La suspensión firme de funciones determinará la pérdida del puesto de trabajo cuando exceda de:

a) Seis meses.
b) Tres meses.
c) Dos meses.
d) Un mes.

18. La suspensión firme por sanción disciplinaria no podrá exceder de:

a) Seis años.
b) Cinco años.
c) Dos años.
d) Un año.

19. Cuando de la instrucción de un expediente disciplinario resulte la existencia de indicios fundados de criminalidad, se suspenderá su tramitación poniéndolo en conocimiento de:

a) La autoridad judicial.
b) El Ministerio Fiscal.
c) Las Fuerzas y Cuerpos de Seguridad.
d) La autoridad gubernativa.

20. El incumplimiento del deber de respeto a la Constitución o al respectivo Estatuto de Autonomía en el ejercicio de sus funciones, constituye una infracción disciplinaria de carácter:

a) Muy grave.
b) Grave.
c) Menos grave.
d) Leve.

21. El incumplimiento de la obligación de atender los servicios esenciales establecidos en caso de huelga, constituye una infracción disciplinaria de carácter:

a) Muy grave.
b) Grave.
c) Menos grave.
d) Leve.

22. El acoso sexual, cuando el sujeto activo del acoso cree con su conducta un entorno laboral intimidatorio, hostil o humillante para la persona que es objeto del mismo, tendrá la consideración de falta disciplinaria:

a) Muy grave.
b) Grave.

c) Menos grave.
d) Leve.

23. La incorrección con los superiores, compañeros, subordinados o usuarios, constituye una infracción disciplinaria de carácter:

a) Muy grave.
b) Grave.
c) Menos grave.
d) Leve.

24. ¿Cuándo prescriben las faltas disciplinarias muy graves del personal estatutario?

a) A los cuatro años.
b) A los tres años.
c) A los dos años.
d) Al año.

25. ¿Cuándo prescriben las faltas disciplinarias muy leves del personal estatutario?

a) Al año.
b) A los seis meses.
c) A los tres meses.
d) Al mes.

26. Según establece el art. 8 de la Ley 55/2003, de 16 de diciembre, del Estatuto Marco de los Servicios de Salud, es personal estatutario fijo:

a) El que, una vez superado el correspondiente proceso selectivo, obtiene un nombramiento para el desempeño, con carácter permanente, de las funciones que de tal nombramiento se deriven.
b) Todo el personal al servicio de los Servicios de Salud.
c) El personal que realice una prestación de servicios determinados de naturaleza temporal, coyuntural o extraordinaria.
d) El personal en posesión de un contrato laboral indefinido.

27. Conforme al artículo 9.1 del Estatuto Marco (en redacción dada por el Real Decreto ley 12/2022, de 5 de julio, por el que se modifica la Ley 55/2003, de 16 de diciembre, del Estatuto Marco del personal estatutario de los servicios de salud) los nombramientos del Personal Estatutario Temporal de los Servicios de Salud serán:

a) Únicamente de Personal Estatutario Sanitario.
b) Personal Estatutario Contratado.
c) De interinidad.
d) Como Personal Laboral.

28. En el supuesto de existencia de plaza vacante, son estatutarios interinos los que, por razones expresamente justificadas de necesidad y urgencia, son nombrados como tales con carácter temporal para el desempeño de funciones propias de estatutarios, cuando no sea posible su cobertura por personal estatutario fijo, durante un plazo máximo de:

a) Dos años.
b) Tres años.
c) Cuatros años.
d) Seis años.

29. Podrá concurrir a las pruebas selectivas, por el sistema de promoción interna, el personal estatutario fijo que se encuentre en servicio activo y con nombramiento como personal estatutario fijo, en la categoría de procedencia, durante al menos:

a) 2 años.
b) 3 años.
c) 4 años.
d) 5 años.

30. Quienes no acrediten, una vez superado el proceso selectivo, que reúnen los requisitos y condiciones exigidos en la convocatoria:

a) No podrán ser nombrados hasta que subsanen el defecto.
b) No podrán ser nombrados, y quedarán sin efecto sus actuaciones.
c) Podrán ser nombrados de forma condicional.
d) Una vez superado el proceso selectivo, se entiende que reúne los requisitos exigidos, salvo prueba en contrario.

31. Según el Estatuto Marco, la selección de personal estatutario fijo se efectuará con carácter general a través del sistema de:

a) Oposición.
b) Concurso-oposición.
c) Concurso.
d) Pruebas selectivas.

32. El personal estatutario de los servicios de salud tiene el deber de:

a) Participar en la elaboración de los convenios colectivos.
b) Realizar sus funciones fuera del horario y jornada habitual.
c) Realizar actividades sindicales.
d) Respetar la Constitución, el Estatuto de Autonomía correspondiente y el resto del ordenamiento jurídico.

33. Según el Estatuto Marco, siempre que la duración de la jornada exceda de seis horas continuadas, deberá establecerse un periodo de descanso durante la misma de al menos:

a) 10 minutos.
b) 15 minutos.
c) 20 minutos.
d) 30 minutos.

34. El funcionario sancionado con la separación del servicio no podrá concurrir a las pruebas de selección para la obtención de la condición de personal estatutario fijo, ni prestar servicios como personal estatutario temporal, durante:

a) Los 6 años siguientes.
b) Los 5 años siguientes.
c) Los 10 años siguientes.
d) La separación del servicio es definitiva.

35. Las sanciones disciplinarias firmes que se impongan al personal estatutario se anotarán en su expediente personal. Las anotaciones por sanciones impuestas por faltas leves se cancelarán de oficio, desde el cumplimiento de la sanción, a:

a) Los 3 meses.
b) Los 6 meses.
c) El año.
d) Los 2 años.

36. Es una retribución básica del personal estatutario:

a) El complemento de destino.
b) El complemento de carrera.
c) Las pagas extraordinarias.
d) El complemento de productividad.

37. La especial dificultad técnica, dedicación, responsabilidad, incompatibilidad, peligrosidad o penosidad de algunos puestos de trabajo del Personal Estatutario, se retribuye a través del:

a) Complemento de destino.
b) Complemento de atención continuada.
c) Complemento específico.
d) Complemento de productividad.

38. Según el art. 72.2 del Estatuto Marco, tendrá la consideración de falta muy grave:

a) Intervenir en un procedimiento administrativo cuando se dé alguna de las causas de abstención legalmente señaladas.
b) Toda actuación que suponga discriminación por razones ideológicas, morales, políticas, sindicales, de raza, lengua, género, religión o circunstancias económicas, personales o sociales, tanto del personal como de los usuarios.

c) El incumplimiento injustificado de la jornada de trabajo que acumulado suponga más de 20 horas al mes.

d) La incorrección con los superiores, compañeros, subordinados o usuarios.

39. Para poder obtener la excedencia voluntaria por interés particular es necesario haber prestado servicios efectivos en cualquiera de las Administraciones Públicas durante:

a) Los cinco años inmediatamente anteriores.
b) Los cuatro años inmediatamente anteriores.
c) El año inmediatamente anterior.
d) No se exige periodo mínimo de prestación efectiva de servicios.

40. En el régimen disciplinario del Estatuto Marco se reconoce a los interesados el derecho a:

a) Proponer el nombramiento del instructor.
b) Solicitar la excedencia voluntaria durante la tramitación del expediente.
c) Formular Pliegos de cargos.
d) Formular alegaciones en cualquier fase del procedimiento.

41. Las Comunidades Autónomas, en el ámbito de sus competencias, determinarán la limitación máxima de la jornada a tiempo parcial respecto a la jornada completa, con el límite máximo del:

a) El 80 % de la jornada ordinaria, en cómputo anual, o del que proporcionalmente corresponda si se trata de nombramiento temporal de menor duración.
b) El 75 % de la jornada ordinaria, en cómputo anual, o del que proporcionalmente corresponda si se trata de nombramiento temporal de menor duración.
c) El 70 % de la jornada ordinaria, en cómputo anual, o del que proporcionalmente corresponda si se trata de nombramiento temporal de menor duración.
d) El 50 % de la jornada ordinaria, en cómputo anual, o del que proporcionalmente corresponda si se trata de nombramiento temporal de menor duración.

42. El Estatuto Marco del personal estatutario considera a este personal como titular de una relación:

a) Funcionarial común.
b) Laboral común.
c) Estatutaria de la Seguridad Social.
d) Funcionarial especial.

43. Cuando de un procedimiento de movilidad se derive cambio del servicio de salud de destino, el Estatuto Marco establece un plazo posesorio de:

a) Un mes.
b) Treinta días.

c) Quince días.
d) Diez días.

44. Según el Estatuto Marco del personal estatutario, la situación de excedencia voluntaria por interés particular obliga a un periodo mínimo de permanencia en ella de:

a) Un año.
b) Dos años.
c) Doce meses.
d) No establece periodo mínimo.

45. De acuerdo con el régimen disciplinario del personal estatutario, se considera muy grave:

a) El abandono del servicio.
b) El abuso de autoridad en el ejercicio de sus funciones.
c) Falta de obediencia debida a los superiores.
d) La incorrección con los superiores, compañeros, subordinados o usuarios.

46. El incumplimiento del plazo máximo de permanencia dará lugar a una compensación económica para el personal estatutario temporal afectado, que será equivalente a:

a) Veinte días de sus retribuciones fijas por año de servicio.
b) Veinte días de su sueldo, más trienios y complemento de destino por año de servicio.
c) Veinte días de todas sus retribuciones por año de servicio.
d) Veinte días de su sueldo por año de servicio.

47. Conforme a lo dispuesto en el artículo 2.2 de la Ley 55/2003, de 16 de diciembre, del Estatuto Marco del personal estatutario de los servicios de salud, en lo no previsto en la misma serán aplicables al personal estatutario:

a) Las disposiciones y principios generales sobre función pública de la Administración correspondiente.
b) Las disposiciones de derecho laboral, dictadas al amparo del artículo 149.1.7º de la Constitución.
c) Las disposiciones sobre función pública de la Administración del Estado, en todo caso, conforme a lo dispuesto en el artículo 149.3 de la Constitución.
d) El convenio colectivo del personal laboral al servicio de la Administración correspondiente.

48. La renuncia a la condición de personal estatutario, ¿qué consecuencias tiene?

a) Inhabilita para obtener nuevamente dicha condición a través de los procedimientos de selección establecidos.
b) No inhabilita para obtener nuevamente dicha condición a través de los procedimientos de selección establecidos.

c) No se puede solicitar la renuncia, ya que no será aceptada.

d) Cuando renuncias no pierdes la condición de personal estatutario, porque te reservan la plaza.

49. No es un principio básico de la provisión de plazas del personal estatutario:

a) Igualdad, mérito, capacidad y publicidad en la selección, promoción y movilidad del personal de los servicios de salud.

b) Movilidad del personal en el conjunto de las Administraciones Públicas.

c) Coordinación, cooperación y mutua información entre las Administraciones sanitarias públicas.

d) Integración en el régimen organizativo y funcional del servicio de salud y de sus instituciones y centros.

50. Los miembros de los órganos de selección de personal estatutario de los servicios de salud deberán:

a) Ostentar la condición de personal estatutario fijo.

b) Ostentar la condición de personal estatutario o laboral.

c) Ostentar la condición de funcionario de carrera o estatutario fijo de las Administraciones Públicas o laboral de los centros vinculados al Sistema Nacional de Salud.

d) Ostentar la condición de personal funcionario, estatutario o laboral del Sistema Nacional de Salud.

En MADTEST tienes **más preguntas de este tema**, y todos tus avances quedan registrados y se reflejan en el ranking.

¡Supera tus límites con MADTEST!

Solución al test n.º 8

1. b) La Ley 55/2003, de 16 de diciembre, del Estatuto Marco del Personal Estatutario de los Servicios de Salud.

2. a) Personal estatutario fijo.

3. d) Igualdad, mérito, capacidad, competencia, publicidad y celeridad.

4. b) El que ostenta esta condición en virtud de nombramiento expedido para el ejercicio de una profesión o especialización sanitaria.

5. c) Personal de formación universitaria.

6. a) Que haya obtenido el título de especialista en ciencias de la salud.

7. c) Técnicos superiores y Técnicos.

8. b) Quien ostenta tal condición en virtud de nombramiento expedido para el desempeño de funciones de gestión o para el desarrollo de profesiones u oficios que no tengan carácter sanitario.

9. c) Universitario, de formación profesional y otro personal.

10. d) Haber cursado la Educación Secundaria Obligatoria.

11. b) Fijo.

12. c) A la formación continuada adecuada a la función desempeñada y al reconocimiento de su cualificación profesional en relación con dichas funciones.

13. d) A la libre sindicación.

14. d) 5 días hábiles, se produzca el hecho en la misma o en distinta localidad de residencia de la persona trabajadora.

15. d) A la actividad sindical.

16. b) 2 días.

17. a) Seis meses.

18. a) Seis años.

19. b) El Ministerio Fiscal.

20. a) Muy grave.

21. a) Muy grave.

22. b) Grave.

23. d) Leve.

24. a) A los cuatro años.

25. b) A los seis meses.

26. a) El que, una vez superado el correspondiente proceso selectivo, obtiene un nombramiento para el desempeño, con carácter permanente, de las funcionales que de tal nombramiento se deriven.

27. c) De interinidad.

28. b) Tres años

29. a) 2 años.

30. b) No podrán ser nombrados, y quedarán sin efecto sus actuaciones.

31. b) Concurso-oposición.

32. d) Respetar la Constitución, el Estatuto de Autonomía correspondiente y el resto del ordenamiento jurídico.

33. b) 15 minutos.

34. a) Los 6 años siguientes.

35. b) Los 6 meses.

36. c) Las pagas extraordinarias.

37. c) Complemento específico.

38. b) Toda actuación que suponga discriminación por razones ideológicas, morales, políticas, sindicales, de raza, lengua, género, religión o circunstancias económicas, personales o sociales, tanto del personal como de los usuarios.

39. a) Los cinco años inmediatamente anteriores.

40. d) Formular alegaciones en cualquier fase del procedimiento.

41. b) El 75 % de la jornada ordinaria, en cómputo anual, o del que proporcionalmente corresponda si se trata de nombramiento temporal de menor duración.

42. d) Funcionarial especial.

43. a) Un mes.

44. b) Dos años.

45. a) El abandono del servicio.

46. a) Veinte días de sus retribuciones fijas por año de servicio.

47. a) Las disposiciones y principios generales sobre función pública de la Administración correspondiente.

48. b) No inhabilita para obtener nuevamente dicha condición a través de los procedimientos de selección establecidos.

49. b) Movilidad del personal en el conjunto de las Administraciones Públicas.

50. c) Ostentar la condición de funcionario de carrera o estatutario fijo de las Administraciones Públicas o laboral de los centros vinculados al Sistema Nacional de Salud.

TEST N.º 9

Ley 41/2002, de 14 de noviembre, básica reguladora de la autonomía del paciente y de derechos y obligaciones en materia de información y documentación clínica: principios generales; el derecho de información sanitaria; derecho a la intimidad; el respeto de la autonomía del paciente y el consentimiento informado; la historia clínica; el informe de alta y otra documentación clínica. La tarjeta sanitaria de Andalucía

1. La Ley 41/2002, de 14 de noviembre, básica reguladora de la autonomía del paciente y de derechos y obligaciones en materia de información y documentación clínica, se estructura en:

a) 23 artículos ordenados en 6 Capítulos, 5 Disposiciones Adicionales, 1 Disposición Transitoria, una Disposición Derogatoria y una Disposición Final.

b) 24 artículos ordenados en 5 Capítulos, 6 Disposiciones Adicionales, 1 Disposición Transitoria, una Disposición Derogatoria y una Disposición Final.

c) 23 artículos ordenados en 6 Capítulos, 6 Disposiciones Adicionales, 1 Disposición Transitoria, una Disposición Derogatoria y una Disposición Final.

d) 24 artículos ordenados en 5 Capítulos, 5 Disposiciones Adicionales, 1 Disposición Transitoria, una Disposición Derogatoria y una Disposición Final.

2. Según dispone el art. 6 de la Ley 41/2002, el derecho a conocer los problemas sanitarios de la colectividad cuando impliquen un riesgo para la salud pública o para su salud individual, es un derecho en materia de:

a) Información sanitaria epidemiológica.

b) Información de los servicios del Sistema Nacional de Salud.

c) Información sanitaria asistencial.

d) Información al alta.

3. ¿Cómo define la Ley 41/2002, de 14 de noviembre a la conformidad libre, voluntaria y consciente de un paciente, manifestada en el pleno uso de sus facultades después de recibir la información adecuada, para que tenga lugar una actuación que afecta a su salud?

a) Conformidad objetiva.
b) Consentimiento informado.
c) Consentimiento expreso.
d) Consentimiento tácito.

4. Tal y como establece la Ley 41/2002, de Autonomía del Paciente, en caso de que el paciente no acepte el tratamiento se le propondrá que firme el alta voluntaria y si no la firma la Dirección del Centro:

a) Puede disponer el alta forzosa.
b) Firmará en su nombre el alta involuntaria.
c) Mantendrá el ingreso por periodo mínimo de cinco días naturales.
d) No está reconocida la negativa al tratamiento de los pacientes.

5. La Ley de Autonomía del Paciente reconoce el derecho a que se respeten los deseos expresados anteriormente en el:

a) Testamento vital.
b) Documento de voluntades anticipadas.
c) Documento de instrucciones previas.
d) Documento de instrucciones preliminares.

6. Indica la proposición incorrecta en relación con los requisitos del consentimiento:

a) Debe ser libre.
b) Debe ser voluntario.
c) La decisión de consentir debe anteceder a una información adecuada.
d) La persona que lo presta debe tener capacidad para conocer, comprender y querer el alcance de su decisión.

7. Uno de los fundamentos éticos del consentimiento informado es el principio de autonomía. En aplicación del mismo el profesional sanitario tiene el deber de:

a) Evitar el mal del paciente.
b) Hacer el bien al paciente.
c) Respetar la libre determinación del paciente.
d) Actuar sin discriminación.

8. Según establece la Ley de Autonomía del Paciente, el consentimiento se prestará por escrito en el caso de:

a) Realización de una actuación sanitaria en el paciente.
b) Aplicación en el paciente de un procedimiento no invasor.

c) Intervención quirúrgica.

d) Aplicación de procedimientos de imprevisible repercusión negativa sobre la salud del paciente.

9. En relación con el Documento de Consentimiento Informado:

a) Existe un formato unificado en el Sistema Nacional de Salud.

b) Cada Área Sanitaria fijará el suyo.

c) Las Administraciones Sanitarias, Servicios Sanitarios, Sociedades Científicas, Centros Hospitalarios, etc., fijan el que consideran más adecuado en el ámbito de sus competencias.

d) Es cierta la c), siempre que contenga tres partes: Preámbulo, Cuerpo e Intervención.

10. Según determina la Ley 41/2002, el paciente tiene derecho a recibir un informe de alta:

a) Solo si ha existido ingreso hospitalario.

b) A la finalización del proceso asistencial.

c) En cuyo contenido mínimo habrán de figurar, entre otros, datos de información sanitaria epidemiológica.

d) Previa solicitud.

11. Conforme a los criterios de la Ley 41/2002, el reconocimiento legal de que el ciuda-dano debe recibir información suficiente y adecuada sobre los problemas sanitarios de la comunidad que impliquen un riesgo para su salud es una manifestación de su derecho:

a) A la información sanitaria epidemiológica.

b) A la información sanitaria asistencial.

c) A la intimidad.

d) A la autonomía.

12. La historia clínica se llevará en cada institución asistencial con criterios de:

a) Seguridad e integridad.

b) Eficacia y eficiencia.

c) Unidad y de integración.

d) Unidad y eficacia.

13. Según dispone la Ley 41/2002, de 14 de noviembre, básica reguladora de la autonomía del paciente y de derechos y obligaciones en materia de información y documentación clínica, el personal que accede a los datos de la historia clínica en el ejercicio de sus funciones queda sujeto al deber de:

a) Confidencialidad.

b) Secreto.

c) Discreción.

d) Reserva.

14. ¿Durante cuánto tiempo habrán de conservarse los datos de la historia clínica relacionados con el nacimiento del paciente, incluidos los resultados de las pruebas biométricas, médicas o analíticas que en su caso resulten necesarias para determinar el vínculo de filiación con la madre?

a) Mínimo veinte años.
b) No menos de treinta años.
c) Al menos quince años.
d) Estos datos no se destruyen.

15. Señala la afirmación falsa respecto a la historia clínica:

a) Los profesionales sanitarios tienen el deber de cooperar en la creación y el mantenimiento de una documentación clínica ordenada y secuencial del proceso asistencial de los pacientes.
b) El personal de administración y gestión de los centros sanitarios solo puede acceder a los datos de la historia clínica relacionados con sus propias funciones.
c) El derecho de acceso del paciente a la historia clínica no podrá ejercerse por representación.
d) Los profesionales sanitarios que desarrollen su actividad de manera individual son responsables de la gestión y de la custodia de la documentación asistencial que generen.

16. ¿A quién corresponde realizar la gestión de la historia clínica en los centros con pacientes hospitalizados, o en los que atiendan a un número suficiente de pacientes bajo cualquier otra modalidad asistencial?

a) A la dirección médica.
b) A la gerencia.
c) A la unidad de admisión y documentación clínica.
d) A la dirección de gestión.

17. La historia clínica deberá realizarse bajo criterios de:

a) Autonomía.
b) Unidad e integración.
c) Garantía de acceso en soporte informático.
d) Claridad y gestión.

18. Señala una de las obligaciones de los profesionales sanitarios descritas en el artículo 23 de la Ley 41/2002, de 14 de noviembre, básica reguladora de la autonomía del paciente y de derechos y obligaciones en materia de información y documentación clínica:

a) Cumplimentar los protocolos, registros, informes, estadísticas y demás documentación asistencial o administrativa, que guarden relación con los procesos clínicos en los que intervienen.
b) Cumplimentar los protocolos, registros, informes, estadísticas y demás documentación asistencial o administrativa que requieran los centros o servicios de salud competentes y las autoridades sanitarias.

c) Cumplimentar los protocolos, registros, informes, estadísticas y demás documentación asistencial o administrativa relacionados con la investigación médica y la información epidemiológica.

d) Todas las respuestas son correctas.

19. Todo paciente o usuario tiene derecho a negarse al tratamiento, excepto en los casos determinados en la Ley. Su negativa al tratamiento:

a) Deberá constar por escrito.

b) Deberá hacerlo constar expresa o tácitamente.

c) Deberá hacerlo constan ante dos testigos.

d) Deberá hacerlo constar ante dos testigos y un profesional sanitario.

20. Señala uno de los deberes de información y documentación clínica que han de cumplir los profesionales sanitarios establecido por la Ley 41/2002:

a) Respetar las decisiones adoptadas libre y voluntariamente por el paciente.

b) Cooperar en la creación y el mantenimiento de una documentación clínica ordenada y secuencial del proceso asistencial de los pacientes.

c) Prestar correctamente sus técnicas.

d) Todas las respuestas son correctas.

21. ¿Cómo define la Ley 41/2002, de 14 de noviembre, básica reguladora de la autonomía del paciente y de derechos y obligaciones en materia de información y documentación clínica, al soporte de cualquier tipo o clase que contiene un conjunto de datos e informaciones de carácter asistencial?

a) Documentación clínica.

b) Historia clínica.

c) Información clínica.

d) Dossier sanitario.

22. El Real Decreto 183/2004 desarrolla la creación de la base de datos de población protegida por el Sistema Nacional de Salud y el proceso de asignación y características de un código para cada usuario, denominado:

a) Código Sanitario Individual.

b) Código de Identificación Personal del Sistema Nacional de Salud.

c) Número de Afiliación a la Seguridad Social.

d) Código de Identificación Sanitario.

23. Es un dato básico que debe estar incluido en el anverso de la tarjeta sanitaria (Real Decreto 183/2004, de 30 de enero, modificado por Real Decreto 702/2013, de 20 de septiembre):

a) El Código de identificación de la administración sanitaria emisora de la tarjeta.

b) El rótulo del Área de Salud.

c) El Código de identificación institucional asignado al titular por la administración sanitaria emisora de la tarjeta.

d) La fecha de nacimiento del titular de la tarjeta.

24. En el modelo de tarjeta sanitaria individual aprobado por el RD 702/2013, de 20 de septiembre, el código de identificación personal del Sistema Nacional de Salud contiene:

a) 8 caracteres numéricos y 8 caracteres alfabéticos.

b) 9 caracteres numéricos.

c) 16 caracteres alfabéticos.

d) 16 caracteres alfanuméricos.

25. Señala cuál de los siguientes no es uno de los datos básicos a incluir en el anverso de la tarjeta sanitaria individual:

a) El código de identificación de la administración sanitaria emisora de la tarjeta.

b) El Rótulo "Tarjeta de la Seguridad Social".

c) El código de identificación personal asignado por la administración sanitaria emisora de la tarjeta.

d) Los rótulos de "Sistema Nacional de Salud de España" y "Tarjeta Sanitaria".

26. ¿Puede limitarse el derecho a la información sanitaria de los pacientes?

a) No, en ningún caso.

b) Sí, por la existencia de un estado de alarma.

c) Sí, por la existencia acreditada de un estado de necesidad terapéutica.

d) Sí, cuando así lo determine expresamente un juez.

27. La Ley 41/2002, de Autonomía del Paciente, establece la obligatoriedad de obtener el consentimiento informado del paciente:

a) Sólo en los casos de intervención quirúrgica.

b) Sólo en los casos de aplicación de procedimientos que supongan grandes riesgos o inconvenientes de notoria repercusión negativa sobre su salud.

c) Para toda actuación en el ámbito de su salud.

d) La Ley no establece esta obligación.

28. Según lo previsto por la Ley 41/2002, de Autonomía del paciente, el derecho del paciente a no ser informado:

a) No está reconocido por la ley.

b) Podrá restringirse en cualquier momento.

c) Podrá limitarse por el interés de la salud del paciente.

d) Sólo podrá ejercitarse si el paciente designa a un familiar o a otra persona a la que se le facilite la información.

29. La Ley 41/2002, de Autonomía del paciente, establece que, como regla general, el consentimiento se manifestará en forma:

a) Verbal.
b) Escrita.
c) Documental.
d) Testifical.

30. En la legislación sanitaria española, el consentimiento escrito del paciente:

a) Es una exigencia legal.
b) Es conveniente.
c) Es obligatorio en determinados supuestos.
d) No es necesario.

31. Para que un paciente o usuario otorgue válidamente su consentimiento a un tratamiento, el facultativo le ha de transmitir previamente:

a) Información escrita.
b) Información total y comprensible.
c) Información adecuada, comprensible y razonable.
d) Confianza.

32. Existen supuestos legales en los que los facultativos pueden llevar a cabo las intervenciones clínicas indispensables en favor de la salud del paciente sin necesidad de contar con su consentimiento ni el de sus representantes o familiares. Señale uno de ellos:

a) Cuando el paciente esté incapacitado legalmente.
b) Cuando existe riesgo para la salud pública según determinen las autoridades sanitarias.
c) En caso de riesgo inmediato grave para la integridad física de otro paciente.
d) Cuando el paciente no sea capaz de tomar decisiones.

33. Respecto del documento formulario de consentimiento informado:

a) El facultativo facilitará una copia al paciente si éste la solicita.
b) El paciente recibirá una copia del mismo.
c) El paciente lo tendrá en su poder al menos setenta y dos horas antes de tomar su decisión y lo devolverá firmado antes de que finalice dicho plazo. Si no lo entrega se entenderá que no ha otorgado el consentimiento.
d) El paciente recibirá la información contenida en el mismo y lo firmará, pero no recibirá ninguna copia.

34. ¿Cuál es la finalidad principal de la historia clínica?

a) Garantizar la salud de los pacientes.
b) Obtener la máxima integración posible de la documentación clínica de cada paciente.
c) Asegurar los documentos relativos a los procesos asistenciales de cada paciente.
d) Facilitar la asistencia sanitaria.

35. ¿En qué casos determina la Ley 41/2002, de 14 de noviembre, básica reguladora de la autonomía del paciente y de derechos y obligaciones en materia de información y documentación clínica, que habrá de conservarse la documentación clínica?

a) A efectos judiciales.
b) Cuando existan razones epidemiológicas.
c) Cuando existan razones de investigación o de organización y funcionamiento del Sistema Nacional de Salud.
d) Todas las respuestas son correctas.

36. Según dispone el artículo 19 de la Ley 41/2002, de 14 de noviembre, básica reguladora de la autonomía del paciente y de derechos y obligaciones en materia de información y documentación clínica, el paciente tiene derecho a que se establezca un mecanismo de custodia activa y diligente de las historias clínicas por parte:

a) De los hospitales.
b) De las Comunidades Autónomas.
c) De los Servicios de Salud.
d) De los centros sanitarios.

37. Los centros sanitarios tienen la obligación de conservar la documentación clínica en condiciones que garanticen su correcto mantenimiento y seguridad, aunque no necesariamente en el soporte original, para la debida asistencia al paciente durante el tiempo adecuado a cada caso y, como mínimo, cinco años contados:

a) Desde la fecha del alta del primer proceso asistencial.
b) Desde la fecha de baja de cada proceso asistencial.
c) Desde la fecha de baja del último proceso asistencial.
d) Desde la fecha del alta de cada proceso asistencial.

38. La propiedad de la historia clínica corresponde:

a) Al médico que realiza la actuación sanitaria.
b) A la Administración sanitaria o entidad titular del centro sanitario, cuando el médico trabaja por cuenta propia.
c) Al médico que realiza la atención sanitaria cuando éste trabaja por cuenta ajena y bajo la dependencia de una institución sanitaria.
d) Ninguna respuesta es correcta.

39. Tienen libre acceso a la historia clínica del paciente de un centro asistencial:

a) Los profesionales asistenciales y de gestión y servicios del centro.
b) Los profesionales asistenciales del centro.
c) Los profesionales asistenciales del centro implicados en el diagnóstico y tratamiento del enfermo.
d) El personal asistencial, investigador y docente del centro.

40. ¿Cómo denomina la Ley 41/2002, a la persona que utiliza los servicios sanitarios de educación y promoción de la salud, de prevención de enfermedades y de información sanitaria?

a) Paciente.
b) Cliente.
c) Beneficiario.
d) Usuario.

41. La Ley 41/2002, de 14 de noviembre. establece que los pacientes y usuarios tienen el deber de facilitar los datos sobre su estado físico o sobre su salud de manera leal y verdadera, así como el de colaborar en su obtención, especialmente cuando sean necesarios:

a) En casos de alarma sanitaria.
b) Por necesidades de urgencia.
c) Por razones de interés público o con motivo de la asistencia sanitaria.
d) Por motivos de interés general o calamidad pública.

42. Cuando hablamos de la expresión, "toda persona tiene derecho a que se respete el carácter confidencial de los datos referentes a su salud, y a que nadie pueda acceder a ellos sin previa autorización", según indica la Ley 41/2002, ¿a qué tipo de derecho nos referimos?

a) Derecho de información.
b) Derecho asistencial.
c) Derecho a la intimidad.
d) Derecho a la formación.

43. La Ley 41/2002 establece la obligación de los profesionales sanitarios de cumplimentar los protocolos, registros, informes estadísticos y demás documentación clínica relacionada con el proceso asistencial en el que intervenga es la expresión de uno de los derechos reconocidos a los ciudadanos respecto del sistema sanitario. Ello es manifestación del:

a) Derecho de intimidad.
b) Derecho de información.

c) Derecho de libertad de elección.
d) Derecho de documentación.

44. Según dispone la Ley de Cohesión y Calidad del Sistema Nacional de Salud, las prestaciones de la atención sanitaria que proporciona el Sistema Nacional de Salud se facilitan a través del siguiente documento:

a) Documento nacional de identidad.
b) Tarjeta de la Seguridad Social.
c) Tarjeta sanitaria universal.
d) Tarjeta sanitaria individual.

45. ¿Qué norma regula la Tarjeta Sanitaria Individual?

a) El Real Decreto 22/2008, de 4 de abril.
b) El Real Decreto 1944/2010, de 30 de septiembre.
c) El Real Decreto 183/2004, de 30 de enero.
d) El Real Decreto 773/2005, de 9 de septiembre.

46. ¿Qué órgano, establece los requisitos y los estándares necesarios sobre los dispositivos que las tarjetas sanitarias deben incorporar para almacenar la información básica, y las aplicaciones que permitan que la lectura y comprobación de los datos sea técnicamente posible en todo el territorio del Estado?

a) La Comunidad autónoma correspondiente.
b) El Servicio de Salud de cada Comunidad autónoma.
c) El Ministerio de Sanidad.
d) Cada Administración pública competente.

47. En el reverso del modelo de tarjeta sanitaria aprobado por RD 702/2013, de 20 de septiembre, la banda magnética tiene:

a) Dos pistas
b) Tres pistas.
c) Cuatro pistas.
d) Cinco pistas.

48. La primera vez que se solicita la tarjeta sanitaria en Andalucía:

a) Es necesaria la presencia personal en el correspondiente centro de atención primaria.
b) Se puede pedir presencialmente en un centro de atención primaria o por internet.
c) Se puede pedir presencialmente en un centro de atención primaria, a través de ClicSalud+ o a través de la BDU.
d) Se puede pedir presencialmente en un centro de atención primaria, a través de ClicSalud+ o por teléfono en "Salud Responde".

49. ¿Cuál es el tiempo de validez de la Tarjeta Sanitaria Europea?

a) Un año.
b) Dos años.
c) Tres años.
d) Dos años y en algunos casos cinco años.

50. La Tarjeta Sanitaria Europea tiene validez en:

a) Ucrania.
b) Chipre.
c) Turquía.
d) Serbia.

En MADTEST tienes **más preguntas de este tema**, y todos tus avances quedan registrados y se reflejan en el ranking.

¡Supera tus límites con MADTEST!

Solución al test n.º 9

1. c) 23 artículos ordenados en 6 Capítulos, 6 Disposiciones Adicionales, 1 Disposición Transitoria, una Disposición Derogatoria y una Disposición Final.

2. a) Información sanitaria epidemiológica.

3. b) Consentimiento informado.

4. a) Puede disponer el alta forzosa.

5. c) Documento de instrucciones previas.

6. c) La decisión de consentir debe anteceder a una información adecuada.

7. c) Respetar la libre determinación del paciente.

8. c) Intervención quirúrgica.

9. c) Las Administraciones Sanitarias, Servicios Sanitarios, Sociedades Científicas, Centros Hospitalarios, etc., fijan el que consideran más adecuado en el ámbito de sus competencias.

10. b) A la finalización del proceso asistencial.

11. a) A la información sanitaria epidemiológica.

12. c) Unidad y de integración.

13. b) Secreto.

14. d) Estos datos no se destruyen.

15. c) El derecho de acceso del paciente a la historia clínica no podrá ejercerse por representación.

16. c) A la unidad de admisión y documentación clínica.

17. b) Unidad e integración.

18. d) Todas las respuestas son correctas.

19. a) Deberá constar por escrito.

20. d) Todas las respuestas son correctas.

21. a) Documentación clínica.

22. b) Código de Identificación Personal del Sistema Nacional de Salud.

23. a) El Código de identificación de la administración sanitaria emisora de la tarjeta.

24. d) 16 caracteres alfanuméricos.

25. b) El Rótulo "Tarjeta de la Seguridad Social".

26. c) Sí, por la existencia acreditada de un estado de necesidad terapéutica.

27. c) Para toda actuación en el ámbito de su salud.

28. c) Podrá limitarse por el interés de la salud del paciente.

29. a) Verbal.

30. c) Es obligatorio en determinados supuestos.

31. c) Información adecuada, comprensible y razonable.

32. b) Cuando existe riesgo para la salud pública según determinen las autoridades sanitarias.

33. a) El facultativo facilitará una copia al paciente si éste la solicita.

34. d) Facilitar la asistencia sanitaria.

35. d) Todas las respuestas son correctas.

36. d) De los centros sanitarios.

37. d) Desde la fecha del alta de cada proceso asistencial.

38. d) Ninguna respuesta es correcta.

39. c) Los profesionales asistenciales del centro implicados en el diagnóstico y tratamiento del enfermo.

40. d) Usuario.

41. c) Por razones de interés público o con motivo de la asistencia sanitaria.

42. c) Derecho a la intimidad.

43. b) Derecho de información.

44. d) Tarjeta sanitaria individual.

45. c) El Real Decreto 183/2004, de 30 de enero.

46. c) El Ministerio de Sanidad.

47. b) Tres pistas.

48. a) Es necesaria la presencia personal en el correspondiente centro de atención primaria.

49. d) Dos años y en algunos casos cinco años.

50. b) Chipre.

TEST N.º 10

Las Tecnologías de la Información y Comunicaciones en el Servicio Andaluz de Salud. Los sistemas de información corporativos. El puesto de trabajo digital. Ayuda Digital. Ciberseguridad. El Código de Conducta en el uso de las Tecnologías de la Información y la Comunicación para profesionales públicos de la Administración de la Junta de Andalucía

1. Según el Decreto 168/2025, de 5 de noviembre, por el que se establece la estructura orgánica de la Consejería de Sanidad, Presidencia y Emergencias. ¿a qué dirección le corresponde el desarrollo y ejecución de la Estrategia de Salud Digital en el ámbito del Servicio Andaluz de Salud?

a) La Subdirección de Tecnologías de la Información y Comunicaciones (STIC).
b) La Agencia Digital de Andalucía (ADA).
c) La Dirección General de Recursos Tecnológicos y Datos (DGRTD).
d) La Dirección General de Tecnologías de la Información y Comunicaciones.

2. Una de las atribuciones especiales de la persona titular de la Dirección General de Sistemas de Información y Comunicaciones (DGSIC) es:

a) Realizar las auditorías externas sobre el uso de la Inteligencia Artificial (IA) siguiendo la normativa UE de 2025.
b) Gestionar la Red Corporativa de la Junta de Andalucía (RCJA) sin necesidad de coordinación con la Agencia Digital de Andalucía.
c) Establecer la Política de Seguridad y el Código de Conducta de uso de las TIC.
d) Gestionar la gobernanza de los datos para garantizar su seguridad, integridad, disponibilidad y confidencialidad.

3. ¿Cuál es el nombre del sistema de Historia Clínica Electrónica (HCE) implementado por el SAS que integra toda la información sanitaria de los pacientes en un único registro?

a) Receta XXI.
b) Módulo de Gestión del Conocimiento (MGC).

c) Diraya.
d) Historia de Salud en Atención Primaria (HSAP).

4. ¿Cuál de las siguientes es una de las áreas clave objeto de financiación en las que se están aplicando las TIC en el SAS, según se menciona en las fuentes?

a) Gestión de residuos sanitarios mediante Blockchain.
b) Gestión de citas a través de un sistema multicanal.
c) Desarrollo de sistemas operativos propios como Windows Health.
d) Adquisición de nuevos equipos de transporte sanitario terrestre.

5. La Ley Europea de Inteligencia Artificial (Ley IA), que marca la regulación global del mundo sobre inteligencia artificial, tiene fecha de entrada en vigor el:

a) 1 de agosto de 2024.
b) 1 de enero de 2023.
c) 1 de agosto de 2025 (inicio de la fase sancionadora).
d) 1 de enero de 2024.

6. Diraya es el sistema de información y gestión integral de la salud del SAS. ¿Cuál de los siguientes NO es un bloque funcional importante de Diraya?

a) Historia de Salud Digital.
b) Receta electrónica (Receta XXI).
c) Módulo de Urgencias.
d) Módulo de Contabilidad.

7. ¿Cuál es el acrónimo que corresponde a la aplicación de Diraya que se utiliza en el ámbito hospitalario para recoger los datos clínicos de los pacientes atendidos, con la excepción del área de urgencias hospitalarias?

a) DAHECC.
b) HSAP.
c) DAH-EC (Estación Clínica).
d) MGC.

8. El Módulo de Diraya DAH-ECC (Estación Clínica de Cuidados) se encarga de los registros de enfermería realizados en el ámbito asistencial (menos Urgencias). Este módulo está destinado principalmente al personal de Enfermería y su grupo colaborador, que incluye, entre otros:

a) Médicos y farmacéuticos.
b) Técnicos de laboratorio y codificadores.
c) TCAE (Técnico en Cuidados Auxiliares de Enfermería) y Matronas.
d) Administrativos e invitados.

9. Según el módulo Receta XXI Prescripción, ¿cuál es el tiempo máximo de duración del tratamiento que un médico puede prescribir en un solo acto?

a) Seis meses.
b) Un año.
c) Dos años.
d) No existe límite de tiempo.

10. El módulo DAH-EG (Estación de Gestión) incluye una variedad de componentes que abarcan tareas de gestión de los procesos asistenciales hospitalarios. Una de estas tareas es:

a) La prescripción de medicamentos.
b) La creación de documentos clínicos.
c) La gestión de Archivos, Carpetas y Exitus.
d) La planificación de la formación continua.

11. ¿Cuál es el sistema corporativo de gestión y control de la Incapacidad Temporal (IT) que sirve como herramienta de trabajo para los médicos inspectores en las Unidades Médicas de Valoración de Incapacidades (UMVIs)?

a) Diraya PIT.
b) AGD (Aplicación de gestión de la demanda quirúrgica).
c) TASS.
d) Sigilum Milenium (SMIL).

12. ¿Cuál es la a plicación incluida en Diraya cuya función es gestionar las agendas de Atención Primaria, las Consultas Externas y las Pruebas Diagnósticas?

a) Módulo de Urgencias (CAE).
b) AGD (Gestión de la Demanda Quirúrgica).
c) Citación.
d) DAH-EG.

13. El sistema de gestión corporativo de imágenes médicas del SAS, conocido como PACS, está basado en el producto software VUE PACS. ¿Desde qué año se encuentra en funcionamiento este sistema, almacenando y digitalizando pruebas radiológicas y de medicina nuclear?

a) 2011.
b) 2015.
c) 2020.
d) 2007.

14. ¿Cuál es el sistema integral de gestión de recursos humanos del Servicio Andaluz de Salud (SAS), que incluye funcionalidades como Gestión de Turnos y Absentismo, Nóminas y Desempeño Profesional?

a) MACO.
b) GERHONTE.
c) SIGLO.
d) SIGMA-MANSIS.

15. SIGLO, el Sistema Integral de Gestión Logística, ¿es supervisado por qué subdirección dentro del SAS?

a) Dirección General de Sistemas de Información y Comunicaciones.
b) Subdirección de Tecnologías de la Información y Comunicaciones (STIC).
c) Subdirección de Compras y Logística.
d) Subdirección de Recursos Humanos.

16. ¿Cuál de los siguientes es un módulo de SIGLO (Sistema Integral de Gestión Logística)?

a) Gestión de Inventario.
b) Recursos Humanos.
c) Asistencial.
d) Sistema de Acreditación Logística (SAL).

17. ¿Cuál es el propósito principal de SIGMA-MANSIS?

a) Gestionar las nóminas y el desempeño profesional de los empleados del SAS.
b) Optimizar la administración de los recursos físicos y el mantenimiento de las instalaciones sanitarias.
c) Gestionar la demanda quirúrgica y los tiempos de espera.
d) Servir como el repositorio de documentación y gestión del conocimiento de la STIC.

18. El Módulo de Tratamiento de la Información (MTI) del SAS utiliza una solución tecnológica de referencia en las plataformas Business Intelligence, conocida como:

a) JIRA.
b) Altiris.
c) MICROSTRATEGY.
d) Confluence.

19. ¿Cuál es el servicio de soporte integral informático para los profesionales del SAS, disponible 24/7 a través de múltiples canales y que incluye formación en TIC y ciberseguridad?

a) SIGMA-MANSIS.
b) Web Técnica.

c) ayudaDIGITAL.
d) Mi Cuenta.

20. ¿Qué herramienta se utiliza para la gestión del ciclo de vida del software del SAS y da soporte a actividades planificadas de la STIC, gestionando proyectos del tipo APLICACIÓN Y PLATAFORMA o PROGRAMAS?

a) Confluence.
b) Altiris.
c) COSMOS.
d) JIRA.

21. ¿Qué plataforma de gestión de activos del SAS facilita un inventario automatizado a nivel hardware y software del puesto de usuario, y permite la aplicación de parches de seguridad de SO y la instalación remota de software?

a) NetControl.
b) idenTIC.
c) Altiris.
d) Telémaco.

22. LeTSAS (Linux Embebido en Terminales del SAS) es un Sistema Operativo de desarrollo propio basado en Linux. ¿En qué tipo de dispositivos del SAS está implementado principalmente?

a) En ordenadores de sobremesa con Microsoft Windows.
b) En terminales ligeros.
c) En servidores de gestión de datos (Big Data).
d) En el equipamiento electromédico especializado.

23. ¿Cuál es la herramienta complementaria para el teletrabajo que unifica voz, vídeo, mensajería instantánea y compartición de pantalla en una sola aplicación, permitiendo conversaciones de hasta 10.000 participantes?

a) CIRCUIT.
b) UNIFY OFFICE.
c) Correo Corporativo.
d) RedProfesional.

24. ¿Qué servicio permite subir ficheros de cualquier tamaño (dentro de unos límites) y compartirlos con otras personas mediante una simple URL, pero NO es un servicio de almacenamiento indefinido?

a) FicherosJunta.
b) Mi Cuenta.

c) Consigna.
d) RedProfesional.

25. El Servicio de Acceso Remoto a Aplicaciones Corporativas (SARAC) utiliza la tecnología de virtualización de aplicaciones y escritorios de un fabricante específico, posibilitando el acceso seguro a herramientas necesarias fuera de la ubicación laboral habitual. ¿Cuál es ese fabricante principal?

a) Microsoft.
b) Google.
c) CITRIX.
d) Broadcom.

26. Según la definición proporcionada, el "Puesto de trabajo digital" incluye el modelo BYOD (Bring Your Own Device). ¿Qué implica este modelo?

a) Que todos los dispositivos deben ser propiedad del SAS.
b) Que el hardware y el software deben ser siempre una unidad indivisible.
c) Que el profesional solo puede trabajar de forma remota desde casa.
d) Trabajar con dispositivos personales utilizando los mecanismos definidos de acceso a aplicativos y servicios TIC.

27. ¿Cuál de los siguientes es un ejemplo de Puesto de Trabajo de Especial Importancia (PTEI) en el ámbito de atención hospitalaria?

a) La oficina de Recursos Humanos.
b) Quirófano.
c) Sala de Formación en TIC.
d) El puesto de trabajo del administrador delegado STIC.

28. ¿Cuál es el término específico del programa malicioso (malware) dedicado al secuestro de datos o al bloqueo de la operatividad de los ordenadores y servidores, que ha afectado al sector sanitario?

a) Phishing.
b) Código malicioso.
c) Spoofing.
d) Ransomware.

29. ¿Cuál de las siguientes es una de las medidas preventivas de ciberseguridad que se aconseja en el SAS para el trabajo remoto, recomendando su uso preferente frente a la tecnología VPN?
a) La utilización de AGESCON para cambiar contraseñas.
b) La implantación progresiva de la tecnología ZTNA.
c) Apagar el equipamiento informático no esencial.
d) El uso del portal SARAC (virtualización de aplicaciones y escritorios).

30. Respecto al uso del equipamiento TIC del puesto de trabajo según el Código de Conducta, los profesionales públicos tienen prohibido realizar qué acción?

a) Utilizar los mecanismos de bloqueo establecidos en caso de desatención temporal.
b) Cuidar y conservar el equipamiento en buen estado.
c) Instalar nuevo software, aunque este sea de libre uso o gratuito.
d) Seguir los protocolos establecidos para incidencias y solicitudes de dispositivos.

31. ¿En qué porcentaje se estima que han aumentado los ciberataques en hospitales desde la llegada del COVID-19?

a) 100 %.
b) 300 %.
c) 500 %.
d) 1000 %.

32. Cuál es el objetivo principal de la Dirección General de Sistemas de Información y Comunicaciones (DGSIC) en el SAS:

a) Implementar políticas de recursos humanos para el SAS.
b) Desarrollar la Estrategia de Salud Digital en el SAS.
c) Gestionar la contratación de personal en hospitales.
d) Planificar las actividades de atención médica en emergencias.

33. Cuál de los siguientes NO es un módulo de la plataforma Diraya:

a) Módulo de Urgencias.
b) Historia de Salud Digital.
c) Receta electrónica.
d) Módulo de Contabilidad.

34. Cuál es una de las principales ventajas del sistema PACS (Picture Archiving and Communication System) del SAS:

a) Elimina la necesidad de recetas médicas en papel.
b) Facilita el acceso a imágenes médicas y mejora la eficiencia.
c) Administra datos de recursos humanos.
d) Automatiza la contratación de personal sanitario.

35. Cuál es la función principal del servicio ayudaDIGITAL en el SAS:

a) Gestionar contratos de personal sanitario.
b) Proporcionar soporte técnico y acceso a las aplicaciones del SAS.
c) Organizar la agenda de los médicos.
d) Supervisar el inventario de equipos médicos.

36. Qué aplicación permite al personal del SAS autogestionar el cambio de contraseña en los sistemas corporativos:

a) LeTSAS
b) AGESCON
c) SARAC
d) UNIFY OFFICE

37. Qué servicio del SAS facilita el acceso a las aplicaciones del sistema desde ubicaciones remotas:

a) ayudaDIGITAL
b) SARAC
c) SIGMA-MANSIS
d) UNIFY OFFICE

38. Cuál es una de las principales funcionalidades del sistema SIGMA-MANSIS:

a) Gestión de recursos humanos.
b) Gestión del mantenimiento de activos.
c) Planificación de turnos del personal.
d) Creación de informes de asistencia médica.

39. Qué aplicación dentro de Diraya permite la gestión de las recetas electrónicas:

a) Estación de Gestión
b) PACS
c) RXXI Prescripción
d) AGESCON

40. Cuál de las siguientes afirmaciones es correcta sobre el sistema ayudaDIGITAL del SAS:

a) Solo está disponible para personal administrativo.
b) Solo permite registrar incidencias técnicas.
c) Ofrece acceso a aplicaciones, soporte técnico y formación.
d) Solo está disponible para uso dentro de hospitales.

41. Cuál es una ventaja del sistema corporativo PACS en la gestión de imágenes médicas en el SAS:

a) Permite prescribir medicamentos.
b) Facilita el almacenamiento físico de imágenes radiográficas.
c) Permite visualizar imágenes médicas desde cualquier dispositivo conectado.
d) Supervisa la contratación de médicos especialistas en radiología.

42. Cuál es el principal objetivo de la Historia Clínica Electrónica (HCE) Diraya en el SAS:

a) Gestionar los contratos de los empleados del SAS.
b) Facilitar el acceso a la información sanitaria de los pacientes.
c) Controlar el inventario de equipos médicos.
d) Automatizar la gestión de citas médicas.

43. Cuál es una función principal de la aplicación SIGLO en el SAS:

a) Gestionar los contratos de los empleados.
b) Administrar los procesos logísticos y económicos.
c) Supervisar las actividades de atención médica.
d) Ofrecer formación a los profesionales del SAS.

44. Qué aplicación facilita la gestión de turnos y absentismo del personal del SAS:

a) GERHONTE
b) Diraya
c) RXXI Prescripción
d) ayudaDIGITAL

45. Cuál de las siguientes funcionalidades NO pertenece al sistema GERHONTE:

a) Gestión de turnos y absentismo.
b) Desempeño profesional.
c) Nóminas.
d) Gestión de inventario.

46. Qué módulo del sistema Diraya permite la gestión de la demanda quirúrgica:

a) Módulo de Citas.
b) Módulo AGD.
c) Módulo de Urgencias.
d) Módulo PACS.

47. Cuál de las siguientes no es una ventaja del sistema PACS en el SAS:

a) Digitalización y acceso rápido a imágenes médicas.
b) Gestión de imágenes en formato DICOM.
c) Gestión de prescripciones médicas.
d) Almacenamiento seguro de imágenes médicas.

48. Qué plataforma del SAS permite la autogestión de la cuenta para el cambio o recuperación de contraseñas:

a) SIGLO
b) AGESCON

c) SARAC
d) UNIFY OFFICE

49. Qué herramienta del SAS facilita la gestión de incidencias y peticiones relacionadas con el equipamiento informático:

a) ayudaDIGITAL
b) Confluence
c) JIRA
d) GERHONTE

50. Cuál es el propósito principal de la aplicación SIGMA-MANSIS en el SAS:

a) Gestionar la demanda quirúrgica.
b) Optimizar la administración de recursos físicos y el mantenimiento de instalaciones.
c) Facilitar el acceso remoto a aplicaciones clínicas.
d) Administrar las citas médicas.

En MADTEST tienes **más preguntas de este tema**, y todos tus avances quedan registrados y se reflejan en el ranking.

¡Supera tus límites con MADTEST!

Solución al test n.º 10

1. d) La Dirección General de Tecnologías de la Información y Comunicaciones.

2. d) Gestionar la gobernanza de los datos para garantizar su seguridad, integridad, disponibilidad y confidencialidad.

3. c) Diraya.

4. b) Gestión de citas a través de un sistema multicanal.

5. c) 1 de agosto de 2025 (inicio de la fase sancionadora).

6. d) Módulo de Contabilidad.

7. c) DAH-EC (Estación Clínica).

8. c) TCAE (Técnico en Cuidados Auxiliares de Enfermería) y Matronas.

9. b) Un año.

10. c) La gestión de Archivos, Carpetas y Exitus.

11. d) Sigilum Milenium (SMIL).

12. c) Citación.

13. b) 2015.

14. b) GERHONTE.

15. c) Subdirección de Compras y Logística.

16. d) Sistema de Acreditación Logística (SAL).

17. b) Optimizar la administración de los recursos físicos y el mantenimiento de las instalaciones sanitarias.

18. c) MICROSTRATEGY.

19. c) ayudaDIGITAL.

20. d) JIRA.

21. c) Altiris.

22. b) En terminales ligeros.

23. b) UNIFY OFFICE.

24. c) Consigna.

25. c) CITRIX.

26. d) Trabajar con dispositivos personales utilizando los mecanismos definidos de acceso a aplicativos y servicios TIC.

27. b) Quirófano.

28. d) Ransomware.

29. d) El uso del portal SARAC (virtualización de aplicaciones y escritorios).

30. c) Instalar nuevo software, aunque este sea de libre uso o gratuito.

31. c) 500 %.

32. b) Desarrollar la Estrategia de Salud Digital en el SAS.

33. d) Módulo de Contabilidad.

34. b) Facilita el acceso a imágenes médicas y mejora la eficiencia.

35. b) Proporcionar soporte técnico y acceso a las aplicaciones del SAS.

36. b) AGESCON

37. b) SARAC

38. b) Gestión del mantenimiento de activos.

39. c) RXXI Prescripción

40. c) Ofrece acceso a aplicaciones, soporte técnico y formación.

41. c) Permite visualizar imágenes médicas desde cualquier dispositivo conectado.

42.b) Facilitar el acceso a la información sanitaria de los pacientes.

43. b) Administrar los procesos logísticos y económicos.

44. a) GERHONTE

45. d) Gestión de inventario.

46. b) Módulo AGD.

47. c) Gestión de prescripciones médicas.

48. b) AGESCON

49. a) ayudaDIGITAL

50. b) Optimizar la administración de recursos físicos y el mantenimiento de instalaciones.

Cómo acceder al Curso

Test parte común
[SUBTITULOLIBRO]

El uso de los códigos **es exclusivo de los compradores de los productos de Editorial MAD**. Cada producto posee un código único y de un solo uso. Es personal e intransferible y da acceso a servicios y contenidos adicionales. Editorial MAD se reserva el derecho de hacer cuantas comprobaciones sean necesarias para identificar al legítimo poseedor del código y dejar de dar servicio a quien haga uso fraudulento del mismo, además de emprender cuantas acciones legales estime oportunas según la legislación vigente.

Deberás acceder a:

mad.es/registro-campus

Si una vez aceptadas las condiciones de uso del Campus decides hacer uso del mismo, necesitarás del siguiente código de acceso junto con los códigos del resto de títulos que se exigen (si fuera el caso):

RETVF2I8DM